LE NOUVEL ORDRE ÉCOLOGIQUE

L'arbre, l'animal et l'homme

DU MÊME AUTEUR

PHILOSOPHIE POLITIQUE I : Le droit. La nouvelle querelle des anciens et des modernes, *P.U.F.*, *1984*.

PHILOSOPHIE POLITIQUE II : Le système des philosophies de l'histoire, *P.U.F.*, *1984*.

PHILOSOPHIE POLITIQUE III : Des droits de l'homme à l'idée républicaine, *P.U.F.*, *1985 (en collaboration avec Alain Renaut)*.

SYSTÈME ET CRITIQUES, Essai sur les critiques de la raison dans la pensée contemporaine, *Ousia, 1985 (en collaboration avec Alain Renaut)*.

LA PENSÉE 68, Essai sur l'antihumanisme contemporain, *Gallimard, 1985 (en collaboration avec Alain Renaut)*.

68-86. Itinéraires de l'individu, *Gallimard*, *1987 (en collaboration avec Alain Renaut)*.

HEIDEGGER ET LES MODERNES, *Grasset, 1988 (en collaboration avec Alain Renaut)*.

HOMO AESTHETICUS : l'Invention du goût à l'âge démocratique, *Grasset, 1990 (Collection « Le Collège de philosophie »)*.

LUC FERRY

LE NOUVEL ORDRE ÉCOLOGIQUE

L'arbre, l'animal et l'homme

BERNARD GRASSET

PARIS

Tous droits de traduction, de reproduction et d'adaptation
réservés pour tous pays.

© *Éditions Grasset & Fasquelle, 1992.*

Notre époque se caractérise par un extraordinaire romantisme intellectuel : on fuit le présent pour se réfugier dans n'importe quel passé afin d'y retrouver la fleur bleue d'une sécurité perdue. (...) Et ce que je souhaite précisément montrer, c'est que cette hypothèse sans courage ne s'impose pas. L'état actuel de l'esprit européen n'est pas, à mon sens, la décadence, mais une transition encore en cours ; non pas un excès, mais une insuffisante maturité.

ROBERT MUSIL, *Essais*, p. 346.

LES PARENTHÈSES DE L'HUMANISME

1. Procès d'animaux

1587 : les habitants du village de Saint-Julien intentent auprès du juge épiscopal de Saint-Jean-de-Maurienne un procès contre une colonie de charançons. Ces « amblevins » ou « verpillons » ayant envahi les vignobles où ils causent des dégâts considérables, les paysans demandent à leurs syndics de rédiger en leur nom une requête adressée au « révérend seigneur vicaire général et official de l'évêché de Maurienne » qu'ils supplient de bien vouloir leur prescrire les mesures convenables à apaiser la colère divine et de procéder dans les règles, « par voie d'excommunication ou toute autre censure appropriée », à l'expulsion définitive des bestioles.

Une quarantaine d'années auparavant, en 1545, un procès identique avait déjà eu lieu contre les mêmes amblevins (ou du moins leurs ancêtres). L'affaire s'était soldée par la victoire des insectes, défendus il est vrai par l'avocat que leur avait choisi, comme le voulait la procédure, le juge épiscopal lui-même. Ce dernier, arguant du fait que les animaux, créés par Dieu, possédaient le même droit que les hommes à se nourrir de végétaux, avait refusé d'excommunier les verpillons, se bornant, par une ordonnance en date du 8 mai 1546, à prescrire force prières publiques aux malheureux habitants sommés de se repentir sincèrement de leurs péchés et d'invoquer la miséricorde divine. Au passage, il les invitait à payer leur dîme sans tarder — c'était l'occasion rêvée —, ainsi qu'à faire « pendant trois jours consécutifs, trois processions autour des vignobles envahis ». Suivaient encore d'autres dévotions ou pénitences du même ordre. Est-ce par l'effet de ces recommandations ou, plus prosaïquement, parce que la procédure avait duré fort longtemps ? Toujours est-il que les coléoptères ayant quitté les lieux, les choses en étaient restées là.

Mais quarante-deux ans après, à la reprise du procès le 13 avril 1587, les vignerons comptaient bien sur la sévérité du juge face à la résurgence du fléau. L'official se contenta, dans l'immédiat, de fournir aux insectes un autre représentant ou « procureur », assisté d'un nouvel avocat (celui de 1545 étant mort entre-temps). Il chargeait en outre le vicaire de Saint-Julien d'appliquer l'ordonnance du 8 mai 1546. Ce qui fut fait en grande cérémonie les 20, 21 et 22 mai, comme l'atteste le procès-verbal dûment rédigé et signé par le curé.

La suite n'a rien à envier aux actions les plus procédurières que rapportent les chroniques juridiques d'aujourd'hui. L'avocat des insectes joua tant et si bien sur le moindre vice de forme que le 18 juillet — plus de trois mois, donc, après l'ouverture du procès — l'accusation commençait de vaciller sur ses bases. Pressentant que l'habile plaidoirie

des défendeurs risquait d'avoir le meilleur effet
(c'est-à-dire le pire) sur le jugement de l'official, les
syndics de Saint-Julien optèrent pour le compromis
et convoquèrent une assemblée générale des habitants en vue « de baillier auxdits animaux place et
lieu de suffisante pâture hors les vignobles dudit lieu
de Saint-Julien, et de celle qu'ils en puissent vivre
pour éviter de manger ni de gâter lesdites vignes ».
Ce qui fut fait : après mûre réflexion, ils décidèrent
de « leur offrir la place et lieu appelé la Grand-
Feisse [suit une description détaillée du lopin en
question], laquelle place sus confinée contient de
quarante à cinquante sesteries ou environ peuplées
et garnies de plusieurs espèces de bois, plantes et
feuillages comme foulx, allagniers, cyrisiers,
chesnes, planes, arbessiers et autres arbres et buis-
sons outre l'herbe et pâture qui y est en assez bonne
quantité... ». Bref, il s'agissait de convaincre la
partie adverse de la bonne volonté des habitants et
de la valeur bien réelle du terrain. Certes, ils
demandaient d'y conserver un droit de passage,
ainsi que celui d'y exploiter quelques mines d'ocre et
de s'y réfugier en cas de guerre, mais ils promet-
taient de ne causer par là aucun préjudice à « la
pâture desdits animaux » et, pour faire bonne
mesure, « de leur passer contract de ladite pièce aux
conditions susdites tel que sera requis et en bonne
forme et valable à perpétuité... ».

Première occurrence, sans doute, d'un « contrat
naturel », d'un pacte avec des êtres de nature, qui ne
suffit pourtant point à apaiser l'avocat de la défense.
Conscient du sérieux de sa charge et soucieux de ne
point léser ses clients, il prit sur lui de visiter « la

11

Grand-Feisse », après quoi il conclut que le lopin étant « stérile et de nul produit », ses adversaires devaient être immédiatement déboutés *cum expensis* (aux dépens). J'ignore quelle fut la décision ultime de l'official [1]. On sait toutefois qu'il fit encore nommer d'autres experts pour évaluer les richesses véritables du terrain proposé et que le 20 décembre l'affaire n'était toujours pas classée...

---

1. Les actes de ce procès, qui furent publiés en 1846 par Léon Ménabréa, alors conseiller à la cour royale de Chambéry, rapportent avec fidélité son déroulement, y compris les plaidoiries des deux avocats, jusqu'à l'intervention du procureur épiscopal, mais la sentence elle-même semble avoir été perdue. La littérature consacrée aux procès d'animaux est relativement réduite, mais parfois difficile d'accès. Elle est aussi, comme toujours dans ce cas de figure, terriblement répétitive, car le plagiat y est la règle. Il me faut donc dire qu'en dehors des sources directes (les actes mêmes de procès qui furent publiés dans diverses revues savantes au début du XIXe siècle ainsi que les commentaires de jurisconsultes du Moyen Age, sources qui sont irremplaçables), les deux ouvrages qui m'ont paru les plus utiles sont ceux de Karl von Amira, *Thierstrafe und Thierprocesse*, Innsbruck, 1891, et de Léon Ménabréa, *De l'origine, de la forme et de l'esprit des jugements rendus au Moyen Age contre les animaux*, « Mémoires de l'académie de Savoie ». Tome XII, 1846. On trouve par ailleurs dans les *Rapports et recherches sur les procès et jugements relatifs aux animaux* de Berriat Saint-Prix, parus en 1829 dans les « Mémoires et dissertations sur les antiquités nationales et étrangères » publiés par la société royale des antiquaires de France, une énumération chronologique et géographique presque exhaustive des nombreux procès d'animaux connus à l'époque. On trouvera aussi des documents précieux, notamment des sentences, dans l'article d'Alexandre Sorel, *Procès contre les animaux et insectes suivis au Moyen Age dans la Picardie et le Valois*, « Bulletin de la société historique de Compiègne », T. III, 1876, et une analyse intéressante du

12

Par comparaison avec des cas semblables, on peut estimer probable la victoire des animaux. Il arrivait assez fréquemment, en effet, que le juge épiscopal se rangeât de leur côté. Le traité *Des exorcismes* (1497) rédigé par le théologien suisse Fœlix Hemmerlein[2] nous donne plusieurs exemples qui vont dans ce sens. Ainsi celui des *Laubkäfer*, qui vaut d'être rapporté ici pour analogie :

« Aux environs de la ville du Coire, il y eut une irruption subite de larves à tête noire, à corps blanc, de la grosseur du petit doigt, marchant sur six pieds et très connues des laboureurs : on les appelle en patois allemand *Laubkäfer* ; elles entrent en terre au commencement de l'hiver, attaquent les racines, y plongent une dent meurtrière, tellement qu'au retour de la belle saison, les plantes, loin de bourgeonner, se dessèchent. (...) Or, les habitants firent citer ces insectes destructeurs devant le tribunal provincial, au moyen de trois édits consécutifs ; ils leur constituèrent un avocat et un procureur, en observant les formalités de la justice, puis procédèrent contre eux avec toutes les formalités requises. Finalement, le juge considérant que lesdites larves étaient des créatures de Dieu, qu'elles avaient droit

---

statut théologique de l'excommunication des animaux par H. d'Arbois de Jubainville dans la « Revue des questions historiques », T. V. 1868. Je signale enfin, pour le récit de certains procès dont il donne des extraits, le livre de Jean Vartier, *Les procès d'animaux du Moyen Age à nos jours*, Hachette, 1970.

2. 1389-1457. Ses deux traités furent réimprimés à Lyon en 1604 dans le tome II d'un recueil de démonologie intitulé *Mallei Maleficarum* (3 vol.). Je cite ici d'après la traduction qu'en donne Ménabréa dans son rapport.

de vivre, qu'il serait injuste de les priver de subsistance, il les relégua dans une région forestière et sauvage, afin qu'elles n'eussent plus désormais prétexte de dévaster les fonds cultifs. Et ainsi fut fait. »

Mais il se peut aussi, à l'exemple de ce qu'il advint aux sangsues du lac de Berne en l'an 1451, que les charançons aient été frappés de malédiction et dûment anathématisés. Après avoir donné aux bestioles un délai de trois jours pour quitter les eaux qu'elles infestaient, l'évêque de Lausanne ayant constaté que son ultimatum restait sans effet se rendit lui-même sur place pour fulminer l'anathème suivant : « Au nom de Dieu tout-puissant, de toute la cour céleste, de la sainte Eglise divine, je vous maudis, où que vous alliez, et vous serez maudites, vous et vos descendantes, jusqu'à ce que vous disparaissiez de tout lieu. »

Par où l'on voit que la sentence pouvait varier selon que les animaux étaient considérés comme créatures de Dieu se bornant à suivre la loi naturelle, comme fléau envoyé aux hommes en châtiment de leurs péchés, ou comme instruments du démon s'opposant de front à l'autorité ecclésiastique elle-même. Dans les deux premières hypothèses, on pouvait se contenter de pénitences et de dévotions avant de dédommager les animaux qu'on priait, le cas échéant, de se déplacer d'un lieu vers un autre ; dans la dernière, ils étaient « excommuniés », ou tout au moins maudits.

De là aussi, le fait qu'une procédure contradictoire était requise pour décider de leur sort. Les

14

formes à respecter en pareil cas ont été minutieusement décrites par Gaspard Bally, avocat qui exerçait à Chambéry durant la seconde moitié du XVIIᵉ siècle, et qui fut encore un chaleureux partisan de ces procès qui n'allaient disparaître qu'au XVIIIᵉ. Dans la deuxième partie de son ouvrage intitulé *Traité des monitoires, avec un plaidoyer contre les insectes, par spectable Gaspard Bally advocat au souverain Sénat de Savoye* (1668), il plaide avec force en faveur de l'opinion selon laquelle « il ne faut pas mépriser les monitoires [c'est-à-dire, ici, les discours " fulminés " par l'autorité ecclésiastique contre les animaux], vu que c'est une chose grandement importante, portant avec soi le glaive le plus dangereux dont notre Mère sainte l'Eglise se sert, qui est l'excommunication, qui taille aussi bien le bois sec que le vert, n'épargnant ni les vivants ni les morts ; elle ne frappe pas seulement les créatures raisonnables, mais s'attache aux irraisonnables, telles que sont les animaux[3] ». Et Bally s'attachait par la suite à indiquer « comme on leur forme leur procès afin de s'en garantir par le moyen de la malédiction que leur donne l'Eglise ».

Arrêtons-nous un instant encore à cet aspect juridique : il est tout à fait significatif d'un rapport prémoderne, c'est-à-dire *pré-humanistique*, à l'animalité ainsi qu'à la nature en général. Sauf exception, l'action en justice se conformait aux étapes suivantes : elle commençait par la requête des

---

3. Ce texte fait partie des documents publiés par Ménabréa à la fin de son rapport.

plaignants auprès du juge épiscopal. Suivaient un examen attentif de la réalité des faits, puis la citation à comparaître des animaux et la nomination d'un procureur (assisté, le cas échéant, d'un avocat) pour défendre la cause des accusés.

Voici ce qu'écrit Bally : « Premièrement, sur la requête présentée par les habitants du lieu qui souffrent le dommage, on fait informer sur le dégât que tels animaux ont fait, et étaient en danger de faire, laquelle information rapportée, le juge ecclésiastique donne un curateur à ses bestioles pour se présenter en jugement, par procureur, et là déduire toutes leurs raisons, et se défendre contre les habitants qui veulent leur faire quitter le lieu où elles étaient, et les raisons vues et considérées d'une part et d'autre, il rend sa sentence. » Bally donne alors quelques exemples types de requête, de plaidoirie des habitants ainsi que de l'avocat des insectes, un modèle de la réplique des plaignants, des conclusions du procureur épiscopal et enfin de la sentence du juge d'Eglise. Il s'agit d'un formulaire général, qui ne prend pas en compte les détails ou les particularités locales. Mais on peut aisément le compléter à la lumière de quelques cas réels tirés de la lecture des actes de ces procès.

Ainsi par exemple, dans la requête, hors les précisions touchant la nature et la localisation exacte des dommages, les animaux incriminés, insectes, reptiles, rats, souris, sangsues ou autres (il y eut même à Marseille une excommunication de dauphins qui encombraient le port et le rendaient impraticable) devaient être décrits et nommés avec une grande exactitude *afin que, assignés à compa-*

raître, ils ne pussent prétexter une quelconque confusion. C'est là un point sur lequel insiste tout particulièrement Barthélemy de Chassanée, juriste alors célèbre qui rassembla dans ses *Conseils,* publiés en 1531, tout ce qu'on connaissait à l'époque sur les procès intentés aux animaux devant les officialités. On sait ainsi, ce que confirme Fœlix Hemmerlein qui en donne plusieurs exemples, qu'il était courant d'envoyer sur les lieux où séjournaient les accusés un sergent ou un huissier chargé de leur lire à haute et intelligible voix l'assignation à se présenter en personne, tel jour, telle heure, devant l'autorité judiciaire. Il fallait, selon l'usage du droit romain, que l'assignation fût répétée trois fois, assortie de délais précis, afin que l'état de contumace pût être décrété. Au jour et à l'heure dite, le tribunal attendait les inculpés, les portes de l'officialité grandes ouvertes. Et comme, Dieu seul sait pourquoi, ils ne se présentaient pas, il convenait de leur trouver une excuse plausible afin de pouvoir leur donner un procureur — dont Chassanée souligne qu'il était dès lors légitime, pourvu qu'il ne soit pas désavoué par ceux qu'il avait charge de représenter ! Léon Ménabréa, rapporte ainsi, d'après *L'histoire universelle* de Thou (1550), la plaidoirie conduite victorieusement par Chassanée en personne lors d'un procès contre les rats du diocèse d'Autun :

> « Jeune encore, il fut désigné pour prêter son ministère à ces animaux. Quoique les rats eussent été cités selon les formes, il fit tant qu'il obtint que ses clients seraient derechef assignés par les curés de

chaque paroisse attendu, disait-il, que la cause intéressant tous les rats, ils devaient tous être appelés. Ayant gagné ce point, il entreprit de montrer que le délai qu'on leur avait donné était insuffisant ; qu'il eût fallu tenir compte, non seulement de la distance des lieux, mais encore de la difficulté du voyage, difficulté d'autant plus grande que les chats se tenaient aux aguets et occupaient les moindres passages... [4] »

Lors du procès des scarabées du Coire, dont Hemmerlein relate le déroulement, le juge, constatant lui aussi que sa citation à comparaître restait sans effet, estima qu'il convenait de ne pas en tenir rigueur aux bestioles « attendu leur jeune âge et l'exiguïté de leur corps ». Assimilés à des mineurs, il devenait alors possible de leur attribuer un représentant, assisté d'un avocat, lesquels s'engageaient sous serment à servir loyalement leurs clients. Au procès des sangsues de Berne évoqué plus haut, l'évêque, jugeant qu'elles ne sauraient se soustraire aussi aisément à la cour, en fit saisir quelques exemplaires afin qu'on les mît physiquement en présence du tribunal. Cela fait, il ordonna qu'on avertît « lesdites sangsues, tant celles qui seront présentes que les absentes, d'abandonner les lieux qu'elles ont témérairement envahis, et de se retirer là où elles soient incapables de nuire, leur accordant à cet effet trois

---

4. Vartier a contesté l'authenticité de cette plaidoirie. Les raisons qu'il avance sont incertaines. Quoi qu'il en soit, elle est tout à fait conforme à l'esprit de ces procès ainsi qu'aux recommandations données par Chassanée lui-même dans ses *Conseils* touchant la citation à comparaître.

brefs délais d'un jour l'un, formant en tout trois
jours pleins, et ce sous la clause que, passé ce terme,
elles encourront la malédiction de Dieu et de sa
céleste cour[5] ». Et pour témoigner du sérieux de la
mise en demeure, les sangsues désignées par le sort
furent exécutées sur-le-champ après avoir entendu
ce monitoire !

Laissons pour l'instant la question du sens que
pouvait revêtir cette étrange dramaturgie aux yeux
de ses divers protagonistes. Evitons aussi, les historiens du Moyen Age ne nous le pardonneraient pas,
de faire de ces obscures pratiques la vérité d'une
époque dont nous savons aujourd'hui qu'elle fut
plus belle et plus complexe que ne le laisserait penser
une imagerie héritée des Lumières. Il reste que ces
procès, qui eurent lieu par dizaines entre le XIIIe et le
XVIIIe siècle dans toute l'Europe, suscitent en nous un
irrépressible sentiment d'étrangeté. Problème ethno-
logique, au demeurant classique : comment comprendre que ce qui fut l'évidence d'un monde
devienne aussi parfaitement hermétique à un autre ?
Par quel abîme s'ouvrant au sein d'une même
humanité le rituel accompli dans le plus grand
sérieux par les uns tourne-t-il au comique le plus
achevé pour les autres ?

Pour nous, Modernes, la réponse ne fait guère de
doute. Elle relève d'une évidence que nous croyons
volontiers « naturelle » : il nous paraît tout simplement insensé de traiter les animaux, êtres de nature
et non de liberté, comme des personnes juridiques.

---

5. L. Ménabréa *op. cit.*, p. 500.

Nous considérons comme allant de soi que seules ces dernières sont, pour ainsi dire, « dignes d'un procès ». La nature est pour nous lettre morte. Au sens propre : elle ne nous parle plus car nous avons cessé depuis longtemps — au moins depuis Descartes — de lui attribuer une âme et de la croire habitée par des forces occultes. Or, la notion de crime implique à nos yeux celle de responsabilité, elle suppose une intention volontaire — au point que nos systèmes juridiques accordent les « circonstances atténuantes » dans tous les cas où l'infraction à la loi est commise dans un « état second », sous l'empire de la nature inconsciente, donc à l'écart de la liberté d'une volonté souveraine. Vérité ou nouvelle imagerie qui fera elle aussi sourire les générations futures ? Il se pourrait bien, en effet, que la séparation de l'homme et de la nature par laquelle l'humanisme moderne fut conduit à attribuer au premier seul la qualité de personne morale et juridique n'ait été qu'une parenthèse, en train de se refermer. En voici un indice.

2. Les arbres en procès

En 1972 paraît, dans la très sérieuse *Southern California Law Review*, un long article du professeur Christopher D. Stone intitulé : *Should trees have Standing? Toward legal rights for natural objects (Les arbres devraient-ils avoir un statut juridique ? Vers la création de droits légaux pour les objets naturels)*. Republié deux ans plus tard sous la forme d'un petit livre, l'article de Stone connaît un vif succès dans un contexte qui vaut d'être rappelé ici. A des années-lumière, semble-t-il, de nos campagnes médiévales, la Californie contemporaine n'en réinvente pas moins l'idée d'un droit des êtres de nature au fil d'un bien étrange procès.

En 1970, le service des eaux et forêts *(The US Forest Service)* délivre aux entreprises Walt Disney un permis les autorisant à « développer » une vallée sauvage, « Mineral King », située dans la Sierra Nevada. Un budget de trente-cinq millions de dollars est prévu pour la construction d'hôtels, de restaurants, et des habituelles aires de jeux désormais calquées sur le modèle de *Disneyland*. Le très puissant « Sierra Club », sans doute une des plus efficaces associations d'écologistes au monde, porte plainte, alléguant que le projet menace de détruire l'esthétique et l'équilibre naturel de Mineral King. Plainte rejetée par la Cour, non au motif que le service des forêts aurait eu raison de délivrer le permis, mais à celui que le Sierra Club n'avait aucun titre à faire valoir pour étayer cette plainte — ses intérêts n'étant pas lésés *directement* par le projet en question (n'oublions pas que le droit américain repose en son principe sur l'idée que le système juridique tout entier est là pour protéger des *intérêts*, quels qu'ils soient, et non des valeurs abstraites). L'affaire devant aller en appel, le professeur Stone, qui jusque-là défendait paisiblement les thèses de l'écologie radicale dans ses cours à l'université, entreprit de rédiger en toute hâte un article proposant, selon ses propres termes, « de façon tout à fait sérieuse que nous attribuions des droits légaux aux

21

forêts, aux océans, aux rivières et à tous ces objets qu'on appelle " naturels " dans l'environnement, voire à l'environnement tout entier ». Il s'agissait d'agir vite afin que les juges puissent disposer, à défaut d'une jurisprudence réelle, du moins d'un précédent théorique. Comme l'écrit Stone dans la préface de son livre : « Sans doute le dommage causé au Sierra Club était-il quelque peu ténu, mais en revanche, celui subi par Mineral King — le parc lui-même — ne l'était pas. Si je pouvais réussir à faire en sorte que la Cour considère le parc en tant que tel comme une personne juridique — au sens où l'on peut dire que des entreprises le sont —, la notion d'une nature ayant des droits pourrait bien faire une différence opératoire considérable... » Conclusion : sur les neuf juges, quatre votèrent contre l'argument de Stone, deux s'abstinrent, *mais trois votèrent pour*, de sorte qu'on put dire que les arbres n'avaient perdu leur procès que d'une voix...

L'argumentation de Stone en faveur du droit des objets ne manque pas d'intérêt. Son premier moment, qui réjouira les disciples de Tocqueville, consiste à rappeler le raisonnement, rituel dans cette littérature écologiste, selon lequel le temps des droits de la nature serait maintenant venu, après celui des enfants, des femmes, des Noirs, des Indiens, voire des prisonniers, des fous ou des embryons (dans le cadre de la recherche médicale, sinon dans celui des législations sur l'avortement...). En somme, il s'agit de suggérer que ce qui paraissait « impensable » à une époque, souvent proche de la nôtre, est devenu l'évidence d'aujourd'hui. Et Stone cite avec bonheur les arrêts de telle cour de justice qui, au XIXe siècle encore, considèrent que les Chinois, les femmes et les Noirs ne sont pas, à des degrés d'ailleurs divers, des sujets de droit.

Reste à définir, bien sûr, ce qui est requis pour dire d'un être qu'il est « porteur de droits légaux ». Selon Stone, il faut, *premièrement,* que cet être puisse intenter des actions juridiques à son profit, *deuxièmement,* que dans un éventuel procès, la Cour puisse prendre en compte l'idée d'un dommage ou d'un préjudice porté contre cet être lui-même (et non, par exemple, contre son propriétaire) ; enfin, *troisièmement,* que l'éventuelle réparation lui bénéficie directement à lui. Le reste de l'ouvrage est alors consacré à démontrer point par point que les arbres (et autres êtres naturels) peuvent sans difficulté satisfaire à ces trois conditions — si l'on admet bien sûr, comme on le fait dans d'autres cas comparables, pour d'autres entités non raisonnables, qu'ils agissent en justice par l'intermédiaire de leurs représentants (associations écologistes ou autres : Stone va jusqu'à envisager pour ses arbres une représentation proportionnelle au niveau législatif !). Une thèse analogue est reprise aujourd'hui en France par un certain nombre de juristes qui, eux aussi, partent du principe qu'il faut remettre en cause la tradition de l'humanisme moderne d'après laquelle l'humanité seule aurait une personnalité juridique. Ainsi Marie-Angèle Hermitte voit-elle d'un bon œil les quelques précédents par lesquels on « fait d'une zone, choisie en fonction de son intérêt comme écosystème, un sujet de droit, représenté par un comité ou une association chargés de faire valoir son droit sur lui-même, c'est-à-dire son droit à rester en l'état ou son droit à retrouver un état supérieur [6] ».

Qu'on ne se méprenne pas. Ces éminents juristes n'ont rien de farfelu. D'un point de vue pragmatique ou opératoire, l'argumentation de Stone n'est pas dénuée de cohérence, même si elle peut, comme on le verra, être contestée : elle permettrait *de facto* d'intenter des procès aux grands pollueurs en l'absence même d'un intérêt direct (et Stone cite le cas concret, en effet problématique, de diverses entreprises dévastatrices sur le plan écologique, qu'on ne parvint pas à stopper parce que les pollutions s'effectuaient dans des zones où nul intérêt individuel immédiat n'était lésé). Mais c'est sur un plan quasi « ontologique » que les interrogations deviennent plus pressantes, la construction juridique astucieuse dissimulant un parti pris philosophique discutable en faveur du retour à des conceptions antiques de la nature. Ces penseurs qui se veulent, au sens propre, « postmodernes », philosophes ou juristes de l' « après-humanisme », ne communient-ils pas étrangement dans une vision *prémoderne* du monde *où les êtres de nature retrouvent leur statut de personnes juridiques ?* N'est-ce pas au fond *le même sentiment d'étrangeté* qui nous saisit, pour autant que nous sommes encore des

------

6. Cf. « Le concept de diversité biologique et la création d'un statut de la nature », in *L'homme, la nature, le droit*, Bourgois, 1988.

24

Modernes, à l'idée que des arbres ou des insectes puissent perdre ou gagner un procès ?

L'humanisme se trouve ainsi mis entre parenthèses. Et c'est bien là que réside l'enjeu principal, pour ces nouveaux zélateurs de la nature. Le débat sur le droit des arbres, des îles ou des rochers, au-delà de ses bizarreries, dont on aurait d'ailleurs tort d'imaginer qu'elles échappent à Stone et ses amis, n'a pas d'autre motif : il s'agit de savoir si l'homme est le seul sujet de droit, ou au contraire ce qu'on nomme aujourd'hui la « biosphère » ou l'« écosphère », et qu'on nommait autrefois le *cosmos*. L'homme ne serait dès lors, à tout point de vue, éthique, juridique, ontologique, qu'un élément parmi d'autres — à vrai dire le moins *sympathique*, car le moins *symbiotique* dans cet univers harmonieux et ordonné où il ne cesse, par sa démesure, par son « *ubris* », d'introduire le plus fâcheux désordre. Ne faudrait-il pas recourir à un nouveau « contrat naturel » qui remette cet orgueil à sa place et rétablisse l'harmonie perdue ? N'est-ce pas ainsi, d'une vision humanistique à une vision cosmique du droit, que cette prémoderne postmodernité nous inviterait à passer ?

3. *L'opium du peuple ou le nouvel idéal*

La nouvelle cosmologie qui s'esquisse dans ces procès où des arbres accèdent au statut d'êtres juridiques a plus d'un argument pour séduire les déçus du monde moderne que nous sommes tous,

par nécessité, à des degrés divers. A vrai dire, tout y
est, ou presque, même les éléments les plus classiques des « grands desseins » politiques défunts.
Adossée à l'idée d'un ordre cosmique, l'écologie —
cette forme d'écologie s'entend, car on verra qu'il
en est d'autres — renoue avec une notion, celle de
« système », que l'on croyait discréditée à la racine.
C'est d'évidence à ce prix — qui pourra sembler
trop lourd — qu'elle peut prétendre au statut
d'authentique « vision du monde », là où le déclin
des utopies politiques, mais aussi la parcellisation
des savoirs et la « barbarie » des disciplines scientifiques particulières paraissaient interdire à jamais
tout projet de globalisation des connaissances. Cette
prétention systémique, sinon systématique, est
indispensable à la fondation d'une eschatologie
politique. En des temps où les repères éthiques sont
plus que jamais flottants et indéterminés, elle laisse
poindre la promesse inespérée d'un enracinement
enfin objectif et certain d'un nouvel idéal moral : la
pureté retrouve ses droits, mais ces derniers ne sont
plus fondés sur une croyance religieuse ou « idéologique ». Ils se veulent bel et bien « prouvés »,
« démontrés » par les données les plus incontestables d'une science nouvelle, l'écologie qui, pour
être globale, comme l'était la philosophie, n'en est
pas moins aussi indubitable que les sciences positives sur lesquelles elle s'appuie en permanence. Si
les services de santé ont démontré que fumer
provoquait des maladies graves, si les laboratoires
ont cerné l'effet désastreux des aérosols, si les
constructeurs automobiles eux-mêmes doivent bien
reconnaître un lien entre la pollution des gaz

26

d'échappement et la déforestation, n'est-il pas insensé, voire *immoral,* de poursuivre avec insouciance dans la voie de la déprédation ? Et n'est-ce pas — Stone a raison d'y insister — le monde moderne tout entier, avec son anthropocentrisme arrogant dans l'industrie comme dans la culture (les deux se séparent-ils encore ?), qu'il convient d'incriminer ?

Alors que les idéologies politiques fortes, à l'exception des intégrismes, déclinent partout dans le monde, n'y a-t-il pas là de quoi ranimer les flammes d'un éternel militantisme ? D'autant que la critique de la modernité peut recueillir le fervent soutien des grandes religions, toujours promptes à tancer l'orgueil des hommes, mais aussi l'approbation des néo-fascistes ou des ex-staliniens dont les convictions antilibérales passées ou présentes, refoulées par nécessité plus que par raison, ne demandent qu'à s'investir dans une nouvelle aventure de la politique scientifique.

« Ecologie ou barbarie » : le siècle prochain risque bien de consacrer ce slogan. Autant repérer le faux débat qui menace et la vraie question qui nous attend encore.

Le faux débat est simple, on le connaît déjà : le « démocrate vigilant » traite l'écologiste de « pétainiste », au motif que son amour de la nature sent beaucoup trop le terroir pour ne pas être quelque peu vert-de-gris. Autre variante : le même démocrate vigilant décèle la réincarnation du gauchisme dans la critique de la civilisation occidentale et l'éloge de la vie frugale des Indiens d'Amérique ou des paysans du Larzac. Soyons clair : le

27

démocrate n'a pas tout à fait tort, loin de là. Il a même raison de nous inciter à réfléchir sur les deux penchants pervers de l'écologisme contemporain, l'un et l'autre animés d'un même mépris de la social-démocratie formelle, l'un et l'autre adossés à une solide tradition dont l'apogée se situa sans doute à la fin des années 30. Mais enfin, on ne saurait ainsi réduire à rien, c'est-à-dire aux seules illusions d'idéologies politiques catastrophistes et catastrophiques, le défi que lance l'écologie à la tradition de l'humanisme moderne. D'autant que la sensibilité écologiste « moyenne », celle de tout un chacun, n'a rien d'extrémiste, ni même d'antidémocratique. Elle relève plutôt de cette éthique de l'authenticité, de ce souci de soi au nom desquels on revendique volontiers — et pourquoi pas ? — une certaine « qualité de la vie ».

Et c'est là, justement, que réside la vraie question. Toute notre culture démocratique, toute notre histoire économique, industrielle, intellectuelle, artistique depuis la Révolution française est marquée, pour des raisons philosophiques de fond, par un éloge du *déracinement,* ou, ce qui revient au même, de *l'innovation* — éloge que le romantisme, puis le fascisme et le nazisme n'ont cessé de dénoncer comme fatal aux identités nationales, voire aux coutumes et aux particularités locales. Leur antihumanisme, explicite sur le plan culturel, s'est accompagné d'un souci de l'enracinement qui fut propice à l'éclosion d'un formidable attrait pour l'écologie. Pour parodier l'heureuse formule de Marcel Gauchet, « l'amour de la

28

nature » dissimulait (mal) « la haine des hommes [7] ».

Nul hasard, en ce sens, si c'est au régime nazi et à la volonté personnelle d'Hitler que nous devons aujourd'hui encore les deux législations les plus élaborées que l'humanité ait connues en matière de protection de la nature et des animaux [8]. Et pourtant, comment nier que la « haine des hommes », entendue en un autre sens du génitif, comme mépris cartésien de la nature, et singulièrement du vivant, ne soit elle aussi une véritable question ? Comment ne pas reconnaître que l'humanisme *métaphysique* fut, en effet, à l'origine d'une entreprise de colonisation de la nature sans précédent, qu'il s'agît de territoires ou d'êtres vivants, animaux ou « naturels », comme on disait si bien pour désigner les « indigènes » ?

Un humanisme non métaphysique, non tyrannique est-il pensable ? Aurait-il quelque chose d'autre à dire que ce cartésianisme soucieux de faire enfin des hommes les « maîtres et possesseurs de la nature » — ou faut-il nous résoudre à ce retour à la « vraie vie », à la frugalité perdue, à cette *Wilderness* dont nous abreuvent aujourd'hui le cinéma américain et la philosophie allemande ? Un tel retour signifierait pourtant l'abolition de tout ce que, artificiel en effet, et très dénaturé, nous pouvons aimer dans la culture moderne. La question s'impose donc : la civilisation du déracinement et de l'innovation est-elle, comme il le semble *à première*

---

7. Cf. *Le Débat*, n° 60, août 1990.
8. Cf. *infra*, deuxième partie, *L'écologie nazie*.

vue, tout à fait inconciliable avec la prise en compte du « souci naturel » ? Et, par réciproque, ce dernier suppose-t-il un renoncement aux artifices ? Je ne le crois pas. Encore faut-il, si l'on veut cerner les conditions d'une telle réconciliation, percevoir qu'il est désormais impossible de parler de l'écologie au singulier. Les philosophies qui animent, de façon secrète ou explicite, les diverses sensibilités aux questions d'environnement sont si différentes, voire si opposées, que leur variété même disqualifie les jugements globaux portés pour ou contre l'amour de la nature. Le temps est venu de prendre la mesure de cette complexité, de renoncer enfin aux adversaires fictifs qu'il est trop facile, mais aussi inutile de réfuter.

4. Les trois écologies

En France, tradition cartésienne oblige, mais aussi dans la plupart des pays catholiques du sud de l'Europe, l'écologie n'a pas encore trouvé de théoriciens comparables à ceux du monde anglo-saxon ou germanique. Il y a là, du reste, matière à réflexion, et l'hypothèse selon laquelle il y aurait un lien entre les religions et le souci de la nature mériterait sans doute d'être approfondie. D'une manière générale, on peut observer que partout où les débats théoriques sur l'écologie ont pris forme philosophique cohérente, ils se sont structurés en trois courants bien distincts, voire tout à fait opposés dans leurs principes mêmes quant à la question directrice des rapports de l'homme et de la nature.

Le premier, sans doute le plus banal, mais aussi le moins dogmatique, parce que le moins doctrinaire, part de l'idée qu'à travers la nature, c'est encore et toujours l'homme qu'il s'agit de protéger, fût-ce de lui-même, lorsqu'il joue les apprentis sorciers. L'environnement n'est pas doté ici d'une valeur intrinsèque. Simplement, la conscience s'est fait jour qu'à détruire le milieu qui l'entoure, l'homme risque bel et bien de mettre sa propre existence en danger et, à tout le moins, de se priver des conditions d'une vie bonne sur cette terre. C'est dès lors à partir d'une position qu'on peut dire « humaniste », voire *anthropocentriste*, que la nature est prise, sur un mode seulement *indirect*, en considération. Elle n'est que ce qui *environne* l'être humain, la périphérie, donc, et non le centre. A ce titre, elle ne saurait être considérée comme un sujet de droit, comme une entité possédant une valeur absolue en elle-même.

La seconde figure franchit un pas dans l'attribution d'une signification morale à certains êtres non humains. Elle consiste à prendre au sérieux le principe « utilitariste » selon lequel il faut non seulement rechercher l'intérêt propre des hommes, mais de manière plus générale tendre à diminuer au maximum la somme des souffrances dans le monde ainsi qu'à augmenter autant que faire se peut la quantité de bien-être. Dans cette perspective, très présente dans le monde anglo-saxon où elle fonde l'immense mouvement dit de « libération animale », tous les êtres susceptibles de plaisir et de peine

31

doivent être tenus pour des sujets de droit et traités comme tels. A cet égard, le point de vue de l'anthropocentrisme se trouve déjà battu en brèche, puisque les animaux sont désormais inclus, au même titre que les hommes, dans la sphère des préoccupations morales.

La troisième forme est celle que nous avons déjà vue à l'œuvre dans la revendication d'un droit des arbres, c'est-à-dire de la nature comme telle, y compris sous ses formes végétale et minérale. Gardons-nous de céder trop vite à l'esprit de dérision. Non seulement elle tend à devenir l'idéologie dominante des mouvements « alternatifs » en Allemagne et aux Etats-Unis, mais c'est elle aussi qui pose dans les termes les plus radicaux la question de la nécessaire remise en cause de l'humanisme. Elle a bien entendu trouvé ses intellectuels organiques : parmi tant d'autres, Aldo Leopold aux Etats-Unis, mais aussi, pour une large part de son travail, Hans Jonas en Allemagne dont le *Principe responsabilité*, paru en 1979 et diffusé à plus de cent cinquante mille exemplaires, est devenu la bible d'une certaine gauche allemande et bien au-delà ; Michel Serres, encore, dont on peut cependant douter que les thèses soient comprises en France pour ce qu'elles sont : une authentique croisade à l'américaine (Serres enseigne en Californie depuis de nombreuses années et il connaît fort bien toute cette littérature) contre l'anthropocentrisme au nom des droits de la nature. Car c'est bien de cela qu'il s'agit dans cette dernière version de l'écologie où l'ancien « contrat social » des penseurs politiques est censé faire place à un « contrat naturel » au sein duquel l'univers tout entier deviendrait sujet de droit : ce n'est plus l'homme, considéré comme centre du monde, qu'il faut au premier chef protéger de lui-même, mais bien le *cosmos* comme tel, qu'on doit défendre contre les hommes. L'écosystème — la « biosphère » — est dès lors investi d'une valeur intrinsèque bien supérieure à celle de cette espèce, somme toute plutôt nuisible, qu'est l'espèce humaine.

Selon une terminologie désormais classique dans les universités américaines, il faut opposer l' « écologie profonde » *(deep ecology)*, « écocentrique » ou « biocentrique », à l' « écologie superficielle » *(shallow ecology)* ou « environnementaliste » qui se fonde sur l'ancien anthropocentrisme. Depuis plus de vingt ans maintenant, sans en rencontrer le moindre écho significatif en France avant la publication du livre de Serres (lequel demeure d'une grande discrétion sur ses sources), une abondante littérature s'est efforcée de construire une doctrine cohérente de la nature comme nouveau sujet de droit. Il faudra en tenir compte.

Mais c'est encore dans une autre perspective qu'il convient d'envisager les tensions qui complexifient la nébuleuse écologiste. *Car la renaissance du sentiment de compassion à l'égard des êtres naturels s'accompagne toujours d'une dimension critique à l'égard de la modernité* — désignée selon les registres de référence, comme « capitaliste », « occidentale », « technicienne » ou, plus généralement, « consumériste ». Or, la critique du monde moderne peut être conçue de façons fort différentes, offrant ainsi le fil conducteur d'une nouvelle typologie des visages de l'écologie.

5. Les « années trente » ou les trois critiques de la modernité

Commençons par un paradoxe : à l'évidence, c'est dans nos sociétés libérales-sociales-démocrates que le souci de l'environnement est le plus marqué. En France même, où l'amour de la nature est réputé moins vif qu'en Allemagne ou aux Etats-Unis, les protecteurs de la mer et de la terre bénéficient de toutes les sympathies : le commandant Cousteau figure régulièrement parmi les personnalités les plus chères au cœur de nos concitoyens, et des philosophes, dont les travaux savants, sinon académiques, restaient confidentiels, sont devenus des penseurs populaires en exposant les principes régissant les écosystèmes ou en vulgarisant les thèses de l'écologie anglo-saxonne sur la nécessité d'un « contrat naturel » donnant enfin statut juridique aux êtres non humains. Certes, il y eut des punks assez rebelles à la bonne conscience unanime des jeunes pacifistes pour arborer des badges où l'on pouvait lire : « *Nuke the Whales !* » (« nucléarisez les baleines ! ») Mais c'était pour rire et, justement, pour s'afficher au comble de la marginalité. Car c'est bien chez les Occidentaux qu'il en va de l'écologie comme du fameux adage selon lequel il vaut mieux être jeune, beau et riche plutôt que vieux, laid et pauvre : nul ne peut songer sérieusement à lui contester une certaine légitimité.

Dans le tiers monde ou dans les pays de l'Est, les nécessités du développement économique relèguent au second plan les questions d'environnement. Il y a là une énigme. Car, loin d'être dominées par la seule logique de la rentabilité capitaliste ou aveuglées par l'idéologie scientiste censée régir le monde de la technique, nos démocraties libérales suscitent d'elles-mêmes leur propre critique, y compris sous les formes les plus radicales. C'est en Occident que la dénonciation écologiste des méfaits de l'Occident acquiert droit de cité, élabore les arguments les plus sophistiqués, mobilise les sympathisants les plus nombreux. Et le paradoxe est d'autant plus remarquable que l'écologisme radical formule les critiques les plus négatives qui aient jamais été prononcées contre l'univers moderne : le nazisme lui-même, pour ne rien dire du stalinisme, conservait encore une attitude ambiguë face à une technoscience qu'il dénonçait d'un côté mais ne manquait pas de développer de l'autre, dans le contexte belliciste d'une « mobilisation totale » des forces de la nation. Comment comprendre ce phénomène étrange ?

Une première hypothèse, celle des écologistes les plus hostiles à la civilisation occidentale, consiste à marginaliser volontairement la contestation : pour en souligner les aspects subversifs et réinvestir les mythes révolutionnaires, on requiert la mise à mort du « système » comme si l'on venait soi-même de ses marges. Sur le modèle désormais classique de l'étudiant bourgeois dénonçant les méfaits de la bourgeoisie ou de l'intellectuel médiatique apostrophant « courageusement » les médias chaque fois qu'une tribune lui est ouverte, l'écologiste radical se persuade que son combat est en totale rupture avec l'univers qu'il veut détruire. Le fait que les sociétés les plus industrialisées soient aussi celles où son discours rencontre le plus d'écho ne le trouble pas. Il y voit au contraire une confirmation de son extériorité : c'est justement parce qu'il vit dans l'un de ces pays dévastateurs que la prise de conscience peut advenir à ceux qui ont l'audace de la réflexion.

Une autre hypothèse, moins romantique mais plus plausible, consisterait à penser que, pour l'essentiel, l'exigence d'un environnement sain, où le *bien-être* des vivants dans leur ensemble soit assuré, s'apparente à celle de l'Etat-providence dont l'éclosion, nul ne le contestera, reste une spécificité de la culture occidentale. Dans cette optique, l'attention portée à la nature ne serait pas tant construite contre l'univers moderne que *produite par lui :* elle relèverait au fond des mêmes passions démocratiques que celles qui animent les revendications d'un droit à la vie, aux loisirs, à la santé, etc., si caractéristiques du rapport moderne des individus à un Etat libéral devenu protecteur.

On entrevoit ici combien les critiques de la modernité mobilisée dans l'écologie sont susceptibles de s'opposer entre elles. Il est d'abord possible de dénoncer les méfaits réels ou supposés de l'univers libéral au nom d'une *nostalgie,* ou, au contraire, d'un *espoir :* la nostalgie romantique d'un passé perdu, d'une identité nationale bafouée par la culture du déracinement ; l'espoir révolutionnaire en l'avenir radieux d'une société sans classes et sans contraintes. Au-delà de leurs propres oppositions, le fascisme et le communisme partageront ainsi la même méfiance à l'égard de la démocratie formelle, la même répugnance envers le marché et la société ploutocratique qu'il suscite de façon naturelle, le même souci de produire un homme nouveau, le même mythe, au fond, de la pureté sans compromis ni compromission. Dans les deux cas, la critique de la modernité se veut critique *externe*, opérée au nom d'un *ailleurs* radical, prémoderne ou postmoderne, si l'on veut. Car il n'y a rien à garder du libéralisme, aucune concession à lui accorder. Face à ce mal radical, l'attitude politique convenable ne saurait être que celle de la révolution, néoconservatrice ou prolétarienne, pas celle de la réforme.

A l'évidence, c'est ce pathos des années 30 que nous retrouvons dans l'écologie profonde. Contre sa concurrente « superficielle », qu'elle juge platement réformiste, il s'agit d'adopter une attitude « radicale », au sens anglais du terme : il n'est, avec le mode de vie occidental, avec la *Western civilization* telle qu'on prétend l'enseigner encore aux étudiants des premières années de *College*, aucun compromis possible. L'Occident n'est pas « politiquement correct ». Non seulement sa faillite est avérée, mais il entraîne dans sa chute les peuples du tiers monde, les minorités ethniques et les fractions dominées, qu'il s'agisse des femmes, ou des « différents » de toute nature. Seuls l'*en deçà* ou l'*au-delà* de ce monde sont acceptables.

De là le fait que l'écologie profonde peut allier dans un même mouvement des thèmes traditionnels de l'extrême droite comme des motifs futuristes de l'extrême gauche. L'essentiel, ce qui fournit sa cohérence à l'ensemble, c'est le cœur du diagnostic : la modernité anthropocentriste est un total désastre. Contre sa tendance à l'unidimentionnalité, déjà décrite par Marcuse ou Foucault, contre le « Lobbypolitico-médiatique », l'uniformité, le consensus, les prétentions à l'universalité, il faut faire l'éloge de la diversité, de la singularité, de la particularité, donc tout aussi bien du « local » (version gauche de l'écologie profonde) que du « national » (version droite). Tout le problème, bien sûr, étant que les modèles de référence, le fascisme et le communisme, s'étant effondrés, la critique externe cherche désespérément les repères conceptuels qui lui permettraient de ne plus s'en tenir aux seuls *réflexes*. Il faudra donc comprendre comment les deux totalitarismes, qui en d'autres temps eussent constitué les pôles explicites de l'idéal, ne figurent plus qu'en pointillé, réduits qu'ils sont au statut de velléités ou, pour mieux dire, d'*intentionnalités*. Il reste que les deux penchants fondamentaux de ce type d'écologie, ses deux interprétations possibles, n'en sont pas moins repérables au travers de la haine sans faille dont elle témoigne envers toute forme de culture humanistique — et en particulier, envers l'héritage honni des Lumières.

Il en va tout autrement de la troisième forme d'écologie, qui coïncide pour une bonne part avec celle désignée comme « environnementaliste ». D'elle, on pourrait dire qu'elle s'appuie, certes, sur une critique de la modernité, mais une critique qui se voudrait *interne*, donc réformiste. Animée par des passions très démocratiques telles que le souci de soi, le respect de l'individu, l'exigence d'une existence plus « authentique », la recherche d'une qualité de vie supérieure, moins stressée, où une solitude bien dosée peut reconquérir ses droits contre la foule des grandes villes, elle aspire davantage à aménager le système qu'à le remplacer par un autre. Au reste, l'écologiste démocrate, s'il aime les plages désertes et les mers non polluées, éprouverait quelques difficultés à se passer des bienfaits de la science moderne et de la compagnie des autres. On l'imagine mal renoncer pour ses enfants ou pour lui-même aux progrès de la médecine, ou, plus simplement encore, aux nécessités de la voiture individuelle et des trajets en avion. Il n'a guère de goût pour les solutions politiques extrêmes et son respect de l'autonomie individuelle s'accommode peu des décisions collectives autoritaires. L'écologiste profond lui reproche son incohérence...

Que peut-il répondre ?

Pas mal de choses, en vérité. A commencer par le fait que la haine des *artifices* liés à notre civilisation du déracinement est aussi *haine de l'humain comme tel*. Car l'homme est, par excellence, l'être d'anti-nature. C'est même sa différence spécifique d'avec les autres êtres, y compris ceux qui semblent les plus proches de lui : les animaux. C'est par là qu'il échappe aux cycles naturels, qu'il accède à la culture, voire à la sphère de la moralité qui suppose un être-pour-la-loi et non seulement pour la nature. C'est parce que l'humanité n'est pas rivée à l'instinct, aux seuls processus biologiques, qu'elle possède une histoire, que les générations se suivent, mais ne se ressemblent pas de toute nécessité — là où le règne animal observe une parfaite continuité.

Aussi étrange que cela puisse paraître au pays de Descartes, l'animalité s'avère être ainsi au cœur des débats contemporains sur les relations de l'homme avec la nature, et ce, au moins pour trois raisons. La première tient au fait que la zoophilie est devenue un phénomène de masse, un véritable fait social global dans la plupart des sociétés démocratiques : il y a en France trente-cinq millions d'animaux domestiques ! La deuxième raison pour laquelle les thèmes antimodernes de l'écologisme se cristallisent sur l'animalité est plus philosophique : l'humanisme cartésien est sans nul doute la doctrine qui est allée le plus loin dans la dévalorisation de la nature en général et dans celle de l'animal en particulier. Réduit au statut de simple mécanique, l'intelligence, l'affectivité et même la sensibilité lui ont été refusées. La théorie des animaux-machines apparaît comme la quintessence de ce qu'une certaine écologie contemporaine dénonce sous le nom d'anthropocentrisme. La bête, donc, est le premier être qu'on rencontre dans le processus de *décentration* qui conduit de la remise en cause de cet anthropocentrisme à la prise en compte de la nature comme sujet de droit. En allant de l'homme à l'univers, comme l'exige non seulement l'écologie profonde, mais aussi l'utilitarisme, on passe d'abord par l'animal.

Si la question directrice de cet essai est celle des capacités d'un humanisme non métaphysique à prendre en charge les questions d'environnement, c'est par le cas particulier, mais paradigmatique, de l'animal qu'il faut ouvrir la discussion.

PREMIÈRE PARTIE

L'animal
ou la confusion des genres

I

L'HOMME D'ANTI-NATURE

Aristote ou Descartes ? Je me demande parfois lequel des deux l'emporterait dans la réprobation de nos contemporains, s'ils s'avisaient encore de les lire. Le premier parce qu'il a justifié l'esclavage « par nature », ou le second pour avoir tant et si bien distingué les hommes des animaux qu'il en est venu à considérer les derniers comme de simples machines ? L'amour des bêtes a tant progressé au pays du *Discours de la méthode* et des *Méditations métaphysiques* ! Par exemple, nous pouvons saluer aujourd'hui l'existence d'une « ligue française des Droits de l'animal », fondée par Alfred Kastler, Etienne Wolff et Rémy Chauvin. Fruit d'une réflexion conduite par des juristes et des scientifiques de renom, une « Déclaration universelle des droits de l'animal » a même vu le jour en 1978, à peine trente ans après celle qui fit l'honneur de René Cassin. On y lit que « tous les animaux naissent égaux devant la vie et ont les mêmes droits à l'existence ». On y apprend aussi que « des génocides sont perpétrés par l'homme » alors qu'appartenant lui-même à « l'espèce animale », il ne saurait « exterminer les autres animaux » qu'au prix d'un viol de leurs droits les plus imprescriptibles.

Les mots ont-ils encore un sens ? Dans l'esprit zoophile qui imprègne notre culture démocratique, l'idée que la distinction entre l'humanité et l'animalité puisse posséder une signification éthique paraît dogmatique. Elle semble le signe d'un esprit de ségrégation, voire d'exclusion, en des temps où l'idéologie du droit à la différence règne presque sans partage. La science ne nous enseigne-t-elle pas, du reste, qu'il existe une continuité secrète entre les êtres vivants ? C'est dès lors en son nom prestigieux qu'il conviendrait d'accorder un égal respect à toutes les manifestations de la vie universelle. Projet *sympathique*, au sens propre, mais peut-être incompatible avec les termes dans lesquels s'est défini l'humanisme laïque issu de la Révolution française. On peut ne pas aimer cet héritage, souhaiter même procéder à sa « déconstruction » pour en finir une bonne fois avec lui. Encore faut-il mesurer les enjeux d'une telle rupture — ce qui suppose, on en conviendra, qu'ils soient d'abord perçus.

Je suggère à cette fin de suspendre un instant, ne fût-ce que par provision, les bons sentiments, et de s'interroger à nouveau sur la façon dont s'est mise en place, au siècle des Lumières, une anthropologie en l'absence de laquelle l'univers éthique issu de la Révolution serait privé de sa dimension philosophique la plus profonde. Paradoxe : le moment décisif se trouve chez Rousseau, dont on sait pourtant qu'il fut aussi l'un des grands initiateurs de la sensibilité romantique. Le premier il a su tirer les conséquences de la distinction cartésienne des animaux et des hommes sur l'émergence d'un monde de la culture spécifiquement humain (Dilthey eût dit : d'un

44

« monde de l'esprit »). Dans un de ces passages fulgurants, qui ramassent en quelques phrases une pensée dont l'écho séculaire est encore perceptible, le *Discours sur l'origine et les fondements de l'inégalité parmi les hommes* élabore une réflexion sur l'humanité sans laquelle notre univers intellectuel ne serait pas ce qu'il est. Je n'entends pas signifier par là que cette page jouerait dans notre histoire le rôle d'une cause déterminante. Mais, à tout le moins, elle en thématise un moment essentiel. Hegel disait de la philosophie qu'elle est « la saisie de son temps dans la pensée ». Le texte de Rousseau illustre, comme jamais peut-être, la pertinence du propos. En voici les premières lignes :

« Je ne vois dans tout animal qu'une machine ingénieuse, à qui la nature a donné des sens pour se remonter elle-même, et pour se garantir jusqu'à un certain point de tout ce qui tend à la détruire ou à la déranger. J'aperçois précisément les mêmes choses dans la machine humaine ; avec cette différence que la nature seule fait tout dans les opérations de la bête, au lieu que l'homme concourt aux siennes en qualité d'agent libre. L'une choisit ou rejette par instinct, et l'autre par un acte de liberté : ce qui fait que la bête ne peut s'écarter de la règle qui lui est prescrite, même quand il lui serait avantageux de le faire, et que l'homme s'en écarte souvent à son préjudice. C'est ainsi qu'un pigeon mourrait de faim près d'un bassin rempli des meilleures viandes, et un chat sur des tas de fruits ou de grains, quoique l'un ou l'autre pût très bien se nourrir de l'aliment qu'il dédaigne, s'il s'était avisé d'en essayer. C'est ainsi que les hommes dissolus se livrent à des excès qui leur causent la fièvre et la mort parce que l'esprit déprave les sens, et que la volonté parle encore quand la nature se tait. »

La formule qui clôt l'évocation des malheurs dans lesquels la liberté peut seule plonger l'homme ajoute la beauté à la profondeur. Comme le bulbe d'un lis, elle renferme une multiplicité insoupçonnée. A la surface, nous rencontrons l'opposition de la nature et de la liberté. Elle signifie d'abord que l'animal est programmé par un code qui a nom « instinct ». Granivore ou carnivore, il ne peut s'émanciper de la règle naturelle qui régit ses comportements. Le déterminisme est en lui si puissant qu'il peut entraîner sa mort, là où une dose infinitésimale de liberté à l'égard de sa propre norme lui permettrait sans peine de survivre. La situation de l'être humain est inverse. Il est par excellence indétermination : la nature lui est si peu un guide qu'il s'en écarte parfois au point de perdre la vie. L'homme est assez libre pour en mourir, et sa liberté, à la différence de ce que pensaient les Anciens, renferme la possibilité du mal. *Optima video, deteriora sequor*. Voyant le bien, il peut choisir le pire : telle est la formule de cet être d'anti-nature. Son *humanitas* réside dans sa liberté, dans le fait qu'il n'a pas de définition, que sa nature est de ne pas avoir de nature, mais de posséder la capacité de s'arracher à tout code où l'on prétendrait l'emprisonner. Ou encore : son essence est de ne pas avoir d'essence. C'est ainsi le racialisme et l'historicisme romantiques qui se trouvent a priori frappés d'impossibilité.

Qu'est-ce, en son fond philosophique, que le

racisme, sinon la prétention à enfermer une catégorie d'humains dans une définition essentialiste ? Il y aurait une essence du Noir, de l'Arabe, du Juif, en fonction de laquelle ils posséderaient certaines caractéristiques insurmontables puisque inscrites dans leur concept même. Il est alors, sinon indifférent, du moins *secondaire* que l'on cherche, après coup, à classer les défauts et les qualités sur une échelle hiérarchique des races. L'inégalité vient de surcroît, mais le mal est déjà fait dès lors qu'on a posé l'existence de définitions. Le philosémitisme est tout aussi suspect que l'antisémitisme dont il n'est que le revers. Or, ce qu'affirme Rousseau, c'est la possibilité pour l'homme en tant que tel, pour cet homme « abstrait » dont toute la pensée contre-révolutionnaire contestera l'existence, de s'arracher aux déterminations biologiques, à ce qu'Arendt nommera le « cycle de la vie ». La question de l'histoire est analogue à celle de la race. L'humanisme abstrait renferme en lui l'idée que « l'histoire », selon la belle formule de Rabaut Saint-Etienne, « n'est pas notre code ». Au rebours de ce que développera le romantisme, l'homme n'est pas davantage prisonnier de sa tradition linguistique ou nationale que de son être biologique. C'est même par là que la révolution est possible comme acte suprême d'une liberté qui s'arrache à l'univers où l'on prétendait la contenir et la façonner. Apprendre une langue étrangère, s'ouvrir ainsi l'accès à la compréhension d'une autre culture reste et restera toujours en ce sens la marque d'une « pensée élargie ».

Sans doute objectera-t-on qu'une telle vision des choses est « idéaliste », qu'elle fait bon marché des enseignements de la biologie et de la sociologie — lesquelles ne cesseraient de confirmer le postulat d'après lequel l'individu serait produit, déterminé et modelé par son appartenance à un corps social ou biologique. Du côté de la biologie, l'objection s'entend en deux sens : on peut tirer l'homme vers l'animal ou l'animal vers l'homme. Dans le dernier cas, on évoquera, par exemple, le suicide des baleines, indice qu'elles peuvent, elles aussi, s'arracher à leur naturalité, le langage des singes et des dauphins, la capacité qu'ont certains animaux de se servir d'outils pour parvenir à réaliser leurs objectifs, pour ne rien dire du dévouement des chiens ou de l'indépendance du chat qui s'en va tout seul... L'ennui, bien sûr, c'est que ces distances prises par rapport aux commandements de la nature ne se transmettent pas d'une *génération à l'autre* pour tisser une histoire. L'écart à l'égard des normes naturelles n'est qu'apparent s'il n'engendre un monde de la culture et les sociétés animales, chacun doit bien en convenir, sont sans histoire.

Dans le premier cas, il faudra insister en revanche sur le fait que la différence est seulement quantitative, et l'on expliquera ainsi l'erreur de Rousseau : c'est parce que le nombre de cellules cérébrales est chez l'homme très élevé qu'on observe un temps d'indétermination entre un stimulus et sa réponse. Le cerveau animal étant moins complexe, la détermination naturelle — « l'instinct » dont parle Rousseau — est plus manifeste. Mais en vérité, du point de vue du savant qui observe l'homme « neuronal » sans préjugés philosophiques d'un autre temps, cette indétermination n'est qu'illusoire : on ne saurait s'en prévaloir pour justifier l'hypothèse d'un libre arbitre. Pour toute pensée déterministe, la liberté n'est que ce « délire » dont Spinoza montrait déjà comment il est lié à l'ignorance des mécanismes matériels les plus subtils où nous sommes plongés : une meilleure connaissance nous permettrait de rapporter à la nature ce que nous attribuons naïvement à la liberté.

S'appuyant sur les travaux du biologiste Henri Laborit, Alain Resnais s'est plu à montrer dans *Mon oncle d'Amérique,* un de ses étranges films à thèse, comment nous ne nous comportions dans la vie quotidienne pas autrement que des rats de laboratoire : le stress nous rend agressifs, les récompenses ou les échecs nous incitent à poursuivre ou abandonner nos entreprises, de sorte que nous sommes dans la plupart des cas incapables de contrôler nos réactions émotives. C'est à des réflexes inconscients que se réduiraient en dernière instance nos prétendus « choix » affectifs ou intellectuels. Dans ces conditions, on voit mal, en effet, pourquoi la protection que nous assurent les droits de l'homme devrait être réservée aux seuls êtres qu'un décret arbitraire qualifie d' « humains ». Ou plutôt, si l'on admet que la valeur d'une créature est fonction de sa complexité biologique, ne conviendrait-il pas d'abolir toute distinction juridique nette au profit d'une conception graduée du droit ?

Du côté de la sociologie, les objections sont analogues : déterminés par notre nature biologique, nous n'échapperions pas davantage au poids des conditions sociales, en particulier celles qui sont inhérentes aux appartenances de classe. Le thème est trop connu pour qu'on y insiste. La réponse aussi, qui consiste à rappeler comment on ne peut, en toute rigueur, confondre en un même concept une « situation » et une « détermination » : il est clair que nous avons un corps, que nous vivons dans un milieu social, une nation, une culture et une langue. Je ne puis bondir aussi haut que le tigre, cela est indéniable. Dira-t-on pour autant que je suis moins libre que lui ?

L'affirmation de la liberté ne consiste pas à nier l'évidence factuelle. Elle requiert seulement la possibilité pour l'homme d'échapper à la réification, de s'émanciper à l'égard de ce qui sans cesse menace de le transformer en chose. Elle postule une marge de manœuvre, la faculté d'éviter que ce qui est de l'ordre de la simple situation ne se transforme (ce qui est bien sûr possible, et même souvent réel) en détermination. Tout individu est pour une part réifié et la sociologie, de même que la psychanalyse, peut tenter d'en rendre compte. Pis, on a tout lieu de craindre que la réification ne soit l'horizon ultime de notre vie — ce qui pose le difficile problème du vieillissement dans un univers démocratique qui élève un véritable culte à l'héroïsme de la liberté. Mais à prétendre que nul ne saurait s'élever au-dessus de sa condition, on sombre dans une forme de « classisme » dont on voit mal en quoi elle serait préférable au racisme ou au sexisme ordinaires. Il n'est bien entendu pas question de démontrer l'existence de la transcendance. Mais la nier reviendrait à méconnaître l'aptitude de l'homme à élaborer un univers qui rompe avec la dimension naturelle (inconsciente) de la vie sociale ou biologique. C'est là ce que suggère le second moment du texte de Rousseau :

« Mais, quand les difficultés qui environnent toutes ces questions laisseraient quelque lieu de disputer sur cette différence de l'homme et de l'animal, il y a une autre qualité très spécifique qui les distingue, et sur laquelle il ne peut y avoir de contestation : c'est la faculté de se perfectionner, faculté qui, à l'aide des circonstances, développe successivement toutes les autres et réside parmi nous tant dans l'espèce que dans l'individu ; au lieu qu'un animal est au bout de quelques mois ce qu'il sera toute sa vie, et son espèce au bout de mille ans ce qu'elle était la première année de ces mille ans. Pourquoi l'homme est-il sujet à devenir imbécile ? N'est-ce point qu'il retourne ainsi dans son état primitif et que, tandis que la bête, qui n'a rien acquis et qui n'a rien non plus à perdre, reste toujours avec son instinct, l'homme reperdant par la vieillesse ou d'autres accidents tout ce que sa perfectibilité lui avait fait acquérir, retombe ainsi plus bas que la bête même ? »

Avec une densité expressive peu commune, ce passage annonce ce que l'univers moderne présente peut-être de plus profond, mais aussi de plus redoutable dans une triple dimension : anthropologique, éthique et existentielle. Ici encore, il faut déployer les significations. On remarquera d'abord le lien direct qui unit la définition de l'homme à l'émergence d'une problématique moderne de l'historicité. Kant, Fichte et Sartre reprendront le thème : c'est parce que l'homme est originairement

« néant », parce que, à la différence de l'animal, il n'est *rien* de déterminé *par nature*, qu'il est voué à une histoire qui est celle de la liberté. La « perfectibilité » dont parle Rousseau s'épanouira donc sur un double plan : *l'éducation entendue comme histoire de l'individu et la politique comme histoire de l'espèce.* La passion de Rousseau pour l'enfance, dont on a pu dire qu'il découvrait le continent, n'a d'égal que son intérêt pour la politique. L'*Emile* et le *Contrat social.* Dans les deux cas, le problème est analogue : il s'agit de savoir comment un être dont l'essence est de transcender toute détermination particulière peut se construire au fil du temps sans devenir *quelque chose* et se perdre ainsi lui-même dans la réification (ce que Sartre nommait aussi la « mauvaise foi »). Le parallèle ici suggéré de l'éducation et du politique restera une constante de la pensée moderne, de Kant jusqu'au Marx théoricien de la praxis. La naissance des « méthodes actives » en pédagogie comme celle du militantisme politique sont inséparables d'une vision de l'homme comme transcendance ou comme néant — comme être qui n'est pas réductible aux situations dans lesquelles il se trouve toujours englué.

Ici se perçoit tout ce qui sépare du romantisme une telle vision de l'historicité : la civilisation ne se réduit pas aux traditions nationales, linguistiques, ou culturelles auxquelles on appartient toujours déjà *naturellement* (de façon inconsciente et involontaire) ; loin d'être rivée aux seules valeurs de l'*enracinement*, elle trouve son essor véritable avec cet arrachement à l'univers naturel par lequel se constitue progressivement un « monde de l'esprit ».

52

On objectera, non sans raison, qu'aucun homme ne saurait prétendre s'abstraire tout à fait de la communauté historique et culturelle à laquelle il appartient, que l'universalisme abstrait n'est ni crédible, ni même souhaitable : comment pourrions-nous ne pas être en quelque façon attachés à ce que les romantiques nommaient *Heimatsgefühl,* à ce lieu, à cette époque, à cette tradition dans lesquels nous pouvons éprouver le sentiment d'être enfin *chez soi (bei sich)* ? L'objection ne saurait être aisément écartée. Il faut donc préciser.

Dans le conflit du romantisme contre les Lumières, ce sont en fait deux conceptions de la culture et de l'histoire qui s'affrontent, chacune possédant contre l'autre de solides arguments. Pour les uns, l'homme ne saurait être véritablement homme que parmi les siens, dans la communauté qui toujours l'englobe déjà et le façonne sur le modèle de la langue que nous apprenons, certes, mais ne créons pas nous-mêmes. De là cette critique adressée en permanence aux partisans d'une liberté conçue comme transcendance : privé de sa culture, coupé de ses racines, l'homme qui prétend s'élever à la liberté perd en vérité la qualité d'être humain. Si le fait de posséder une culture est bien ce qui le distingue de l'animal, en s'émancipant de cette culture, il rejoint en effet le règne du non-humain.

C'est en ce sens que le déracinement est déshumanisant. Le philosophe des Lumières — et Rousseau en est *sur ce point* l'un des représentants, celui que suivront les révolutionnaires français — partage aussi l'opinion selon laquelle la culture et l'histoire sont le propre de l'homme. Mais à ses yeux, le romantisme *naturalise* cette caractéristique spécifique. Il en fait, pour ainsi dire, une seconde nature en l'identifiant à ce qui, *de l'extérieur*, s'impose aux hommes et les détermine de manière si exhaustive qu'à vouloir s'en évader ils basculent dans le néant. Pour lui, l'histoire n'est pas *tradition*, elle est *création, innovation, perfectibilité*. Elle n'est pas ce qui est reçu par les hommes du dehors, mais ce qui est construit par eux, non pas la négation de leur liberté au nom d'un passé intangible, mais bien son effet, inscrit dans une dynamique de l'avenir. Au romantique qui tient que l'homme abstrait n'est plus un homme, l'*Aufklärer* répond que c'est au contraire l'individu enraciné, de part en part déterminé par sa situation, qui retourne à la nature et perd ainsi sa qualité d'humain.

Il serait tentant, c'est l'évidence, de concilier les deux moments de ce conflit, de s'affirmer comme appartenant à une communauté et cependant capable de s'en distancier. Car le geste de la distanciation est indispensable à l'innovation tout autant qu'à la simple critique : elle aussi suppose toujours un *écart* par rapport au réel dans lequel on risque sans cesse d'être immergé au point de ne plus pouvoir s'en détacher. Il est clair que toute culture digne de ce nom, toute œuvre d'envergure, est à la fois *particulière*, enracinée dans un espace et dans un temps déterminés, et *universelle*, dotée de significations accessibles à d'autres hommes que ceux qui composent la communauté d'origine. C'est par là qu'elle devient *singulière*, qu'elle forme une « individualité », s'il est vrai que le singulier est la réconciliation du particulier et de l'universel.

Cette synthèse est donc féconde. Il faudra en prendre la mesure, décisive sans doute, pour mieux cerner les conceptions des rapports Culture-Nature que véhiculent, aujourd'hui encore, les diverses philosophies de l'écologie. Elle ne saurait cependant faire oublier que dans les trois moments qui la composent, le particulier, l'universel et le singulier, c'est bien le second, celui de l'arrachement, de la liberté conçue comme transcendance, qui constitue l'espace proprement humain. Si nous ne disposions pas de la faculté de nous arracher à cette culture traditionnelle qui s'impose à nous comme une seconde nature, nous resterions, tout comme les bêtes, *régis par des codes naturels*. Si nous ne pouvions la mettre en perspective et adopter sur elle le point de vue de la critique qui seul permet de la modifier et de l'inscrire dans une réelle historicité, notre culture originaire s'apparenterait aux mœurs des animaux, et les sociétés humaines n'auraient pas davantage d'histoire que celles des fourmis ou des termites. La tradition, réduite à la pure et simple transmission du passé, se définirait dès lors comme *l'instinct* propre à une espèce humaine tout aussi programmée dans ses conduites que les autres espèces animales. C'est en ce point précis du débat, me semble-t-il, que les Lumières marquent un avantage décisif sur le romantisme.

Il faut bien mesurer ici ce qu'une telle pensée implique au regard de l'anthropologie. On a souvent voulu y lire l'apparition de l'ethnocentrisme, voire l'origine intellectuelle du colonialisme. On comprend pourquoi : dans la perspective qui est celle de Rousseau, et, avec lui, de l'idéologie révolutionnaire, il est difficile de distinguer aussi nettement qu'on le souhaiterait le « sauvage » de l'animal. La suite du texte confirme cette crainte : « L'homme sauvage livré par la nature au seul instinct (...) commencera donc par des fonctions purement animales. » Un doute semble peser sur l'identité du « primitif ».

Allons plus loin. Si l'ethnologie contemporaine nous a enseigné une chose, c'est bien celle-ci : les sociétés qu'on dit « sauvages » sont, ou du moins se veulent, des sociétés sans histoire. Mieux, cette singulière orientation vers la fidélité au passé leur vient, pour reprendre la formule de Clastres, de ce qu'elles sont avant tout des sociétés « contre l'Etat », c'est-à-dire, pour aller à l'essentiel, contre l'innovation. Régies par la tradition, elles assignent aux coutumes et aux lois une origine religieuse, ce qui signifie tout à la fois [1] : non humaine et située dans un temps mythique dont les anciens, voire les ancêtres, sont les héritiers et les dépositaires. Le droit naturel moderne, la philosophie des Lumières et la Révolution française culminent au contraire dans l'idée *laïque*, humaniste, selon laquelle la loi doit trouver son fondement dans la volonté des individus, soit dans l'humanité politique constituée en peuple. Diamétralement opposée au monde de la tradition, l'action révolutionnaire s'organise ainsi autour de la notion d'avenir : elle suppose toujours peu ou prou que l'on cherche à transformer le réel au

---

1. Il revient à Marcel Gauchet d'avoir développé les conséquences de cette intuition clastrienne dans son beau livre, *Le désenchantement du monde*, Gallimard, 1985.

nom d'un programme, d'un idéal qui appartient par essence au futur. Tout à l'inverse, le rôle de la chefferie indienne que décrit Clastres n'est pas de changer ce qui est, mais de maintenir la tradition en une fidélité à des principes immémoriaux dont la trahison se paie de la vie.

Les philosophes du XVIIIᵉ siècle n'ont pas eu le privilège de suivre l'enseignement de Lévi-Strauss. L'idée que des cultures puissent être « autres », qu'on doive les mesurer à une aune qui ne soit pas l'échelle unique de l'histoire humaine leur est restée étrangère. L'existence de sociétés vivant résolument en marge de la civilisation européenne, voire résistant à son émergence, ne pouvait guère être perçue que de façon négative. On comprend d'autant mieux l'ampleur du problème : si le propre de l'homme est l'historicité, quel statut convient-il d'attribuer à ces sociétés « sauvages » dont tout indique qu'elles ne sont pas entrées dans le monde de l'histoire, donc dans le monde spécifiquement humain de la « perfectibilité » et de l'arrachement à la nature ? Ne faut-il pas se résoudre à les ranger du côté de l'animalité et les comparer, parce qu'elles sont sans histoire, aux ruches et aux termitières qui sont « au bout de mille ans ce qu'elles étaient la première année de leurs mille ans » ?

Décidément, la distinction de l'humanité et de l'animalité semble porteuse de bien terribles conséquences. C'est cette apparence que les contempteurs de l'humanisme moderne ont exploitée. Un examen plus approfondi doit nous convaincre que, là encore, les choses ne sont pas aussi simples qu'il y paraît. La naissance de l'univers démocratique ne doit pas être lue seulement au regard de ce qui lui fait suite (l'européocentrisme, si l'on veut), mais aussi et même surtout par rapport à ce qui la précède (le monde hiérarchisé, clos et finalisé des Anciens).

Dans cette perspective, la question posée est, sur le fond, susceptible d'une double réponse. La première emprunte au monde antique l'idée de hiérarchie. Il est, dans l'échelle des êtres, un haut et un bas ainsi qu'une continuité entre tous les degrés. On va de Dieu vers les hommes, des hommes aux animaux, de ceux-ci aux végétaux puis aux minéraux. On admettra aussi que dans chaque classe existe à nouveau une hiérarchie (du sage au fou, des mammifères supérieurs au ver de terre, etc.). On supposera encore, continuité oblige, des êtres intermédiaires : de là la passion pour les cristaux, qui saisit les philosophes du XVIIIᵉ siècle et donne lieu à de nombreux traités. Car ces cristaux semblent être le maillon manquant entre les êtres organisés et les minéraux, de même que la plante carnivore établit un lien entre les animaux et les végétaux. C'est dans cette optique qu'il faut replacer l'émergence de la problématique du « sous-homme », de l'*Untermensch*, si bien analysée par Alexis Philonenko[2]. Elle n'est au fond que la reprise, sur des bases pseudo-scientifiques, d'une pensée archaïque de la hiérarchie. Le « sauvage » — *sous*-homme ou « *super*-singe », selon l'extraordinaire formule de Buffon — se définirait comme celui qui, *stricto*

---

2. Par exemple, dans *La théorie kantienne de l'histoire*, Vrin, 1986.

sensu, situé *sous* l'humanité, mais *au-dessus* de l'animalité, viendrait combler le vide entre les deux règnes.

Impossible, dès lors, d'éviter le racisme et ses conséquences politiques : c'est par essence ou par nature que le primitif est incapable d'accéder à l'humanité authentique. L'infériorité est inscrite dans son concept, dans sa définition, de sorte que « la » civilisation lui demeurera à jamais étrangère. Transplantez un Africain en Europe : il restera un Africain, du moins pendant plusieurs générations, et il faudra, ainsi s'exprime encore Buffon, « cent cinquante à deux cents ans pour lui blanchir la peau » !

Mais cette réponse n'est pas celle d'un *Aufklärer.* En tout cas, pas celle du plus grand d'entre eux : Kant, qui esquisse sans doute l'une des premières explications non racistes des nécessités qui ont pu contraindre certains peuples à se situer en marge de la civilisation, donc, *semble-t-il,* de l'humanité. Pour être mythique, et comme telle sans valeur d'un point de vue descriptif ou scientifique, elle n'en offre que plus d'intérêt sur un plan philosophique. Associant l'histoire et la géographie, elle commence par une supposition : c'est par la guerre que la surface de la terre a été peuplée. Comment rendre compte, sinon, du fait que des hommes se soient résolus à séjourner dans les contrées hostiles du Grand Nord ? Or, que constatons-nous ? D'abord que ce sont les peuples de la périphérie, du Nord et du Sud justement, qui échappent à la civilisation développée, au centre, par l'Europe. Ensuite, que dans ces deux régions, *c'est la nature, et non la race qui contraint les hommes à la marginalité.* Au nord, parce qu'elle y est si hostile qu'il est impossible d'y construire quoi que ce soit de durable. Le Groenlandais n'a guère le choix : c'est de nécessité qu'il lui faut vivre dans des maisons de glace et manger la chair crue des animaux qu'il chasse. La culture, celle du sol comme celle de l'esprit, se heurte à des conditions naturelles si déplorables qu'elle ne saurait s'épanouir librement. Au sud, la situation, plus favorable en apparence, est pire en vérité. Pour un motif symétrique, mais inverse : le Caraïbe vit dans des conditions naturelles si généreuses qu'il n'a nul besoin de s'engager dans cette aventure étrange et déracinante qu'est la culture. Le climat lui permet de ne pas se vêtir, les fruits de la mer et de la terre l'autorisent à s'épargner le travail de l'élevage ou de l'agriculture.

Qui considère ce mythe avec le regard tiersmondiste d'un intellectuel du XXe siècle, dira sans doute qu'il y manque l'idée que les cultures caraïbe ou groenlandaise, pour être « autres » que la nôtre, n'en ont pas moins une existence tout aussi légitime. Mais à l'interpréter à la lumière de la coupure qu'il instaure avec le monde ancien, on percevra en revanche comment il s'efforce d'inventer une explication plausible dans un cadre de pensée démocratique, non raciste, de la différence entre le sauvage et l'homme moderne. Car l'essentiel est posé : *à savoir que cette différence n'est pas inscrite dans une définition, dans une essence raciale.* Selon l'heureuse formule de Musil, il faut donc affirmer qu'un « anthropophage transplanté à l'âge du nourrisson dans un entourage européen deviendra sans doute un bon Européen et que le délicat Rainer Maria

60

Rilke serait devenu un bon anthropophage si un destin, pour nous préjudiciable, l'avait jeté dans sa tendre enfance parmi les marins des mers du Sud [3] ».

Il est maintenant possible de mesurer avec plus de précision en quel sens la distinction établie par Rousseau joue un rôle fondateur dans la naissance de la culture et de l'éthique modernes, comment, en particulier, elle permet d'en reconstruire de façon limpide et systématique les deux pôles essentiels : la « bonne volonté », entendue comme faculté d'agir de façon désintéressée, et la valorisation du choix de fins universelles, par opposition à celles, égoïstes, qui ne valent que pour soi. La notion d'agir désintéressé est tout à fait étrangère à l'éthique des Anciens. Si la vertu est, comme le pense Aristote, la réalisation, pour chaque être, de ce qui constitue son *telos*, tout à la fois son essence et sa fin, son actualisation coïncide bien davantage avec le bonheur qu'elle ne s'en écarte. En revanche, lorsque l'humanité se définit par la perfectibilité, par la capacité de s'arracher aux déterminations naturelles ou historiques, les bases de la téléologie morale s'effondrent. L'homme (puis la femme...) est dépourvu de fonction spécifique. Impossible de lire dans son concept une quelconque destination, de repérer dans sa nature les signes d'un quelconque programme. La femme, certes, a la possibilité de concevoir des enfants : c'est là, pour parler le langage de Sartre, sa *situation*. Mais déclarer qu'elle « est faite pour avoir

---

3. *Essais*, p. 347.

des enfants » reviendrait à nier sa liberté, à transformer une situation en *détermination naturelle*, bref, à « l'animaliser ». Et si l'être humain est « néant », s'il ne possède aucune « nature » où quelque « mission » que ce fût pourrait se déchiffrer, l'activité vertueuse cesse de pouvoir être pensée en termes de finalité. La vertu ne sera plus l'actualisation d'une heureuse nature. On ne pourra plus parler, comme le faisait encore Aristote, de la « vertu » d'un cheval ou d'un œil pour désigner son excellence naturelle. Le terme, désormais, sera réservé à l'être humain, à ce qui, en lui, témoigne d'une distanciation à l'égard de toute naturalité, *qu'il s'agisse, dans la sphère éthique, de renoncer à des intérêts particuliers au profit de l'intérêt général, ou dans la sphère culturelle, de s'arracher aux évidences apparemment naturelles de la tradition nationale, linguistique, etc.*

L'exigence éthique la plus fondamentale chez les Modernes, celle de l'altruisme, est en son principe même antinaturelle, puisqu'elle requiert une forme de désintéressement. Elle suppose, en effet, une « bonne volonté » et s'exprime de manière inévitable sous la forme d'un impératif. Mais c'est aussi la référence à l'universalité, incompréhensible hors des cadres de cette nouvelle anthropologie philosophique, qui devient nécessaire. Car l'arrachement aux codes historico-naturels, par quoi l'homme manifeste sa différence d'avec l'animal, est toujours aussi refus de se laisser enfermer dans une particularité. C'est parce qu'il s'avère capable de prendre ses distances à l'égard du cycle de sa vie biologique, mais aussi de sa langue, de sa nation, de sa culture *particulières* qu'il peut entrer en communication avec autrui. Sa capacité à l'universel est fonction directe de cet éloignement. A l'encontre d'une idée reçue, il faut penser le général, non comme le diktat d'une rationalité impérieuse, mais comme le résultat d'une négation déterminée.

On s'est parfois interrogé sur ce qui reliait la tradition du judaïsme et celle de la philosophie critique. Horkheimer, par exemple, a écrit de belles pages sur ce thème. Et de fait, depuis la mort de Hegel, le judaïsme s'est souvent exprimé dans les catégories de la pensée kantienne lorsqu'il lui fallait prendre la forme d'une philosophie. Pour dénoncer l'identification hégélienne de la conscience juive à la figure de la « conscience malheureuse », toujours séparée de l'absolu et soumise à l'extériorité d'une loi impérieuse, c'est, de l'école de Marburg à l'école de Francfort, la critique kantienne des prétentions de la métaphysique qui fut mobilisée. La raison, je crois, en est profonde. C'est que pour la philosophie critique, comme pour le judaïsme, l'homme est l'être d'anti-nature, et comme tel, l'être pour-la-loi. C'est là, me semble-t-il, ce que Lévinas avait si bien perçu dans ces lignes extraites de *Difficile liberté* :

> « L'homme juif découvre l'homme avant de découvrir les paysages et les villes. Il est chez soi dans une société, avant de l'être dans une maison. Il comprend le monde à partir d'autrui plutôt que l'ensemble de l'être à partir de la terre... Cette liberté n'a rien de maladif, rien de crispé et rien de déchirant. Elle met au deuxième plan les valeurs d'enracinement et institue d'autres formes de fidélité et de responsabilité. »

Reste que la condition humaine, telle qu'elle apparaît ainsi distinguée de l'animalité, pose encore et toujours le problème de la réification. Car on perçoit mal comment l'homme saurait se déterminer, sans devenir « quelqu'un », sans devenir aussi « quelque chose ». Le risque de l'identification à un caractère, à un personnage, à un rôle social, familial, sexuel, bref, à une nature essentielle, est permanent. Il est même inhérent à une maturité qu'il serait vain, mais aussi dérisoire de récuser indéfiniment. On peut bien sûr tenter l'ironie, afficher, au sens propre, un *détachement* envers toute expérience afin de rétablir les pouvoirs d'une liberté absolue qui refuse de s'aliéner dans une quelconque identité particulière. Il est douteux qu'une telle abstraction soit satisfaisante, en admettant même qu'elle soit possible. En toute hypothèse, la vieillesse, inéluctable, rétablira peu à peu les droits de la nature sur ceux de la liberté. Là où des univers de pensée traditionnels, tout entiers régis par des références au passé, parvenaient à conférer une signification au fait de vieillir, nous restons, nous Modernes, singulièrement dans l'impasse. Si la perfectibilité seule est humaine, quel sens accorder à l'itinéraire d'un individu qui, après avoir décrit une courbe ascendante, aborde l'inévitable déclin qui précède la chute ? On dira peut-être — ce sera même « la » solution par excellence au sein des grandes philosophies de l'histoire — que le sens de l'existence se situe dans l'espèce plus que dans l'individu, lequel doit se borner à apporter sa contribution à un édifice d'ensemble qui le dépasse infiniment. Solution religieuse, au fond, puisqu'elle situe encore le lieu du sens dans un au-delà de la vie. Comment une pensée individualiste, plus soucieuse de l'existence privée que du sort de l'espèce, pourrait-elle s'en satisfaire ?

De là les deux questions cruciales que rencontre l'humanisme prométhéen lorsqu'il admet, pourtant à juste titre, que la faculté d'arrachement à l'ordre de la naturalité est le signe du proprement humain — la différence spécifique où prennent leur source toutes les autres spécificités significatives ou signifiantes.

La première est celle du rapport à l'univers naturel. N'y a-t-il pas, dans cette perspective, antinomie radicale entre respect de la nature et souci de la culture ? Tout se passerait alors comme si le choix de ce qui est humain ne pouvait s'opérer que contre nature, et le choix de ce qui est naturel contre les hommes, identifiés au mal radical, puisque porteurs de démesure et de destruction. Victoire de la haine des hommes, au double sens de l'expression. La belle tentative de Rousseau reconduirait alors au projet cartésien d'une domination dévastatrice de la terre. C'est donc bien l'humanisme *sous toutes ses formes* qu'il faudrait déconstruire et dépasser pour fonder la possibilité même d'une prise en compte du souci écologique.

Mais cette première question dépend du sort qu'on donne à la seconde, celle du rapport à la culture. Admettons un instant que la liberté, entendue comme capacité d'arrachement à la naturalité en nous (par exemple aux penchants « naturels » de l'égoïsme) soit, comme le pense Rousseau, la faculté culturelle par excellence, celle sans laquelle il n'y aurait pas même de culture possible, mais seulement des mœurs et des « modes de vie » comme ceux qui dominent le règne animal. Comment cette liberté parviendra-t-elle à se concrétiser autrement que dans cette prémice de destruction qu'est, semble-t-il, le déracinement perpétuel auquel elle invite ? Pour être « authentique », fidèle à son essence (qui est de ne pas avoir d'essence), ne faudra-t-il pas que l'être humain se fasse *destructeur* à l'égard de tout contenu qui risquerait de le déterminer ? Ne sera-t-il pas contraint d'affirmer sa liberté dans la dissolution de toute détermination particulière, dans le refus permanent de toute tradition passée, comme de toute incarnation présente ? L'humaniste est cosmopolite par vocation. C'est, pour ainsi dire, son évidence. Mais peut-il encore penser le local, le national, autrement que sous les espèces du mal radical ? Sur le plan politique comme esthétique, l'abstraction sèche et vide dans laquelle l'avant-gardisme s'est échoué en cette fin de siècle représenterait l'illustration parfaite des apories de la liberté absolue. Le projet d'une culture de l'arrachement culminerait dans l'impossibilité de l'*expérience*, dans la négativité de l'abstraction nue, bref, dans le contraire même de ce que nous sommes en droit d'attendre de la culture...

Comment articuler tradition et liberté, souci naturel et culture humanistique ? Cette interrogation, décidément, ne pourra être éludée. Il faudra y revenir, au terme de cet essai. Sous la question, en apparence banale, des traits distinctifs de l'animalité et de l'humanité, c'est toute notre attitude à l'égard de la modernité qui est en jeu. Et c'est parce que

66

cette dernière est perçue par les écologistes radicaux comme entachée d'anthropocentrisme, qu'ils proposent, en vue de réhabiliter la nature, d'instituer de nouveaux sujets de droit. A commencer, bien sûr, par l'animal. L'humanisme laïque peut-il relever le défi ?

II

LA « LIBÉRATION ANIMALE »
OU LE DROIT DES BÊTES

Commençons par ne pas écarter tous les faits : ils sont perçus en France de manière encore trop confuse pour qu'on puisse se le permettre. On dira peut-être que la question du statut juridique des bêtes et de leur protection ne cesse de gagner en acuité. Ce n'est pas tout à fait faux, s'il faut entendre par là que le sort des baleines, des palombes ou des bébés phoques mobilise de temps à autre une partie de l'opinion publique, d'autant plus réceptive que le nombre des animaux domestiques ne cesse d'augmenter. Au point d'atteindre aujourd'hui des sommets encore inconnus : ils sont, en France, 35 millions dont 10 millions de chiens et 7,5 millions de chats auxquels leurs propriétaires consacrent, en soins divers, un budget de 30 milliards de francs chaque année. Ce dernier ne cesse au demeurant de progresser [1]. Chiffre significatif : il y avait en 1975 *une* clinique vétérinaire ouverte jour et nuit en Ile-de-France. Il y en a aujourd'hui quarante ! On a vu

---

1. Pour une interprétation originale et intéressante de cette progression, cf. Paul Yonnet, *Jeux, modes et masses*, Paris, Gallimard, 1987

apparaître ces derniers temps des cimetières d'animaux, ce qui va presque de soi, mais aussi des centres de scanner, de « dog-sitting » (comme on dit « baby-sitting »), de kinésithérapie, de balnéothérapie, et de psychothérapie ! On comprend que nos politiques eux-mêmes ne puissent se désintéresser du sujet[2].

Mais cette nouvelle passion démocratique possède quelques points faibles. Un seul indice : les morsures de chien donnent lieu tous les ans à 500 000 plaintes. Elles représentent aujourd'hui entre 0,5 et 1 % des urgences chirurgicales. La moitié des victimes (pour l'essentiel les enfants entre deux et quatre ans) restent marquées, et 60 000 sont hospitalisées, tandis que le propriétaire risque... une amende de 40 à 80 francs ! Ce qui nourrit des polémiques, désormais rituelles, entre zoophiles et zoophobes.

Une fois encore, tout cela reste chez nous fort confus, traversé d'émotions violentes et de bons sentiments. Nul n'attend vraiment de Brigitte Bar-

---

2. Démagogie oblige, qui atteint en 1988 des proportions sidérantes dans le débat Mitterrand-Chirac, dont il faut rapporter les termes avec la fidélité qui s'impose :

« CHIRAC. — En tant que maire de Paris et en tant qu'homme, je vous en ai voulu à l'époque. En 1984, vous avez plus que doublé le taux de la TVA sur les aliments pour chiens et chats.

MITTERRAND *(se souvenant d'un point marqué par Giscard contre lui dans un autre débat).* — Vous n'avez pas le monopole du cœur pour les chiens et les chats. Je les aime moi aussi ! »

Cf. aussi le dossier d'Eric Conan consacré à ce sujet dans *l'Express* du 19-25 janvier 1990.

dot, encore moins d'Allain Bougrain-Dubourg, qu'ils élaborent une doctrine cohérente des droits (et des devoirs ?) des bêtes. Il n'existe aucun phénomène comparable sur le plan philosophique et politique au « mouvement de libération animale » qui non seulement représente des millions de personnes dans le monde anglo-saxon, mais possède à l'université ses titres de noblesse. On ne compte plus aux Etats-Unis, au Canada ou en Allemagne, les colloques académiques consacrés au statut métaphysique et juridique des animaux. Au demeurant, la problématique n'en reste pas toujours, loin de là, au seul stade de la théorie (bien que les intellectuels organiques du mouvement prêchent la non-violence). A elle seule, l'*Association des Collèges médicaux américains* a enregistré plus de quatre mille cas de menaces émanant des militants de la libération et un « raid » opéré sur le campus de l'université de Californie a causé en 1987 quelque trois millions et demi de dollars de dommages dans un centre vétérinaire. Plus étonnant encore, en Angleterre, le nombre de végétariens, qui s'élevait seulement à 0,2 % de la population en 1945, est montée à 2 % en 1980, puis 7 % en 1991. Or, les trois quarts d'entre eux déclarent avoir stoppé leur consommation de viande par respect pour les animaux ! Un sondage Gallup opéré pour le *Daily-Telegraph* révèle que 70 % des seize - vingt-quatre ans se disent en faveur d'une interdiction totale ou, à tout le moins, d'une très stricte limitation de l'expérimentation animale[3].

---

3. Cf. « Man's Mirror », *The Economist*, 16 novembre 1991.

Il est vrai que la pensée anglo-saxonne a sérieusement préparé le terrain. De Plutarque et Porphyre à Schopenhauer en passant par Montaigne, Maupertuis ou Condillac, il ne manque certes pas de philosophes « continentaux » pour avoir plaidé en faveur d'un plus grand respect envers ceux que Michelet nommait nos « frères inférieurs ». On pourrait même allonger considérablement la liste[4], se tourner aussi vers l'Orient, évoquer les animaux sacrés de l'Inde... Mais hormis le cas de quelques francs-tireurs, c'est pour l'essentiel dans une tradition philosophique bien précise, celle de l'utilitarisme, qu'un tel appel devait prendre la forme spécifique d'une revendication d'un *droit* des bêtes, et non seulement d'un devoir pour les hommes. Il faut, si l'on veut en préciser les termes, rappeler son antithèse absolue : le cartésianisme, et sa théorie des animaux-machines, qui devait susciter, en France même, de très vives polémiques.

1. *L'animal et l'automate*

Avec le cartésianisme, *horresco referens*, la zoophilie contemporaine trouve son repoussoir absolu : le modèle parfait de l'anthropocentrisme qui accorde *tous* les droits à l'homme et *aucun* à la nature, y compris animale. Pourquoi tant de mépris,

---

4. Cf. L. Ferry et Cl. Germé, *Des animaux et des hommes. Une anthologie*, Hachette (à paraître).

demande-t-on ? Parce que le sujet, le *cogito*, ne peut être le seul et unique pôle de sens, sans que la nature soit *ipso facto* désinvestie de toute valorisation morale. La physique cartésienne s'est attelée à cette tâche : en finir avec l'idée que l'univers serait un « grand vivant », avec cet animisme ou cet « hylozoïsme » qui domine encore la pensée scolastique. Il faut extirper jusqu'en leurs racines les plus profondes les principes de l'alchimie. Non seulement la nature n'est pas « animée », mais il n'est en elle aucune force occulte, aucune réalité invisible qui expliquerait les métamorphoses de l'or en plomb ou de l'homme en loup-garou ! Le monde matériel est sans âme, sans vie, sans force même, tout entier réduit qu'il est aux seules dimensions de « l'étendue » et du mouvement. Point de mystère, donc, qui serait en droit inaccessible à la connaissance humaine dans cette simple mécanique des objets qu'est l'univers. Et l'animal, bien entendu, n'échappe pas à la règle.

La preuve ? Il ne parle pas, lors même qu'il dispose, comme la pie ou le perroquet, de l'habileté et des organes qui lui permettraient de le faire. Sa parole, quand elle a lieu par *mimesis*, n'est pas un langage, mais l'effet d'une machinerie sans âme ni signification. En veut-on un autre indice, plus sûr encore peut-être, bien que paradoxal ? C'est que l'animal, *comme toutes les machines bien faites*, « fonctionne » mieux que l'homme : « Je sais bien, écrit Descartes, que les bêtes font beaucoup de choses mieux que nous, mais je ne m'en étonne pas, *car cela même sert à prouver qu'elles agissent naturellement et par ressort*, ainsi qu'une horloge

73

qui montre mieux l'heure qu'il est que notre jugement. Et c'est sans doute lorsque les hirondelles viennent au printemps qu'elles agissent en cela comme des horloges. » Buffon reprendra cette idée, dans son *Histoire naturelle des Orangs-Outangs :*

> « Le caractère de la raison le plus marqué, c'est le doute... mais des mouvements et des actions qui n'annoncent que la décision et la certitude prouvent en même temps le mécanisme et la stupidité. »

Conséquence, que l'on jugera bientôt fatale : l'animal ignore la souffrance, et les cris qu'il hurle sous la vivisection n'ont pas davantage de sens que les coups égrainés par le timbre d'une pendule. Tel est le prix à payer pour en finir avec les illusions « vitalistes » de l'aristotélisme médiéval. Au reste, la thèse permet d'éviter bien des difficultés théologiques : si les animaux souffraient, alors que, de toute évidence, ils ne sont point sujets au péché, qui requiert la liberté de choix, comment « sauver » Dieu du soupçon d'injustice ?

Evitons pourtant la caricature. Descartes fut moins outrancier que ses disciples. L'animal reste une créature de Dieu et il est bien de la différence entre une machine fabriquée par le Créateur et un artefact humain [5] : tous les mécaniciens dignes de ce

---

5. François Dagognet a écrit sur ce sujet de fort belles pages dans la longue et remarquable préface qu'il consacre à l'édition du *Traité des animaux* de Condillac (Vrin, 1987). Je ne puis faire mieux que de le suivre ici. On trouvera de larges extraits de la plupart des textes évoqués par Dagognet dans notre antholo-

nom « considéreront ce corps comme une machine qui, ayant été faite des mains de Dieu, est incomparablement mieux ordonnée et a en soi des mouvements plus admirables qu'aucune de celles qui peuvent être inventées par les hommes ».

C'est peu de dire que les cartésiens n'entendront pas l'avertissement, saisis qu'ils seront bientôt par la fièvre des automates. Du fameux canard de Vaucanson, censé représenter, selon les propos de son auteur, « les mécanismes des viscères destinés aux fonctions du boire, du manger et de la digestion », jusqu'aux joueurs de flûte qui fascinent les salons du XVIIIᵉ siècle, tout aura été tenté, ou presque. Y compris la machine qui parle, un orgue miniature, en vérité, que le père Mersenne rêvait sans doute de glisser un jour dans le ventre d'une poupée : « Je m'occupe maintenant, écrivait-il, confiant, le 15 juillet 1635, à trouver la manière de faire prononcer les syllabes aux tuyaux d'orgues. J'ai déjà rencontré les voyelles a, e, o et u, mais i me fait bien de la peine, et puis j'ai trouvé la syllabe vê et fê... Je tâche de faire faire un orgue qu'on puisse porter dans la poche partout où l'on voudra [6]... » Viendront ensuite les premières prothèses articulées, puis les premiers pianos mécaniques, avatars, eux aussi, de cette fantastique tentation de se prendre pour Dieu et d'en finir avec le mystère de la vie...

---

gie, *Des animaux et des hommes*. Je signale aussi sur le même thème l'intéressant article de Krzysztof Pomian, « De l'animal comme être philosophique », paru dans *Le Débat* nº 27, novembre, 1983.

6. Cf. textes cités par F. Dagognet, *op. cit.*, p. 25.

Il fallait bien que vînt la réaction, d'autant plus hyperbolique à son tour, que le projet était insensé (ce qui ne l'empêche pas, cela dit au passage, de nourrir encore aujourd'hui les fantasmes de nos plus éminents biologistes). C'est contre ce cartésianisme-là que Maupertuis, l'un des premiers en France dans ce contexte, évoquera de façon explicite « le droit des bêtes », douées de sensibilité et d'intelligence. Mais il faudrait aussi citer Réaumur et ses *Mémoires pour servir l'histoire des insectes*, Condillac et son *Traité des animaux*, qui fondent une tradition dont les humanitaires républicains, Larousse, Michelet, Schœlcher, Hugo et bien d'autres encore, prendront le relais au XIXe siècle. Il s'agira d'abord de montrer que l'animal n'est pas une machine, qu'il pense et qu'il souffre. Comme tel, il possède des droits, ou tout au moins crée des devoirs pour l'humanité.

Contre ceux qui réduisaient l'animal à une machine, on en vient presque à l'élever au rang de l'homme. Logique du balancier, dont chacun sait qu'il ne s'arrête pas d'un coup au point médian. Réaumur l'accompagnera en de nouveaux sommets. L'abeille devient un mathématicien bien supérieur à ceux de l'Antiquité. Voyez les alvéoles de sa ruche : « Plus on étudie la construction de ces cellules, plus on l'admire. Il faut même être aussi habile en géométrie qu'on l'est devenu depuis que les nouvelles méthodes ont été découvertes pour connaître la perfection des règles que les abeilles suivent dans leur travail. »

Cet anticartésianisme s'alliera au XIXe siècle à l'anticléricalisme républicain, selon une logique assez aisée à comprendre : c'est, dans cette perspective, le *spiritualisme* cartésiano-chrétien qui, séparant de façon excessive l'âme et le corps, est responsable du mépris dans lequel on tient les bêtes. Un humanisme matérialiste, ou tout au moins panthéiste, ne verra en revanche qu'une différence de degré, non de nature entre l'homme et l'animal. Il sera donc davantage enclin à protéger ce dernier. De là les formidables imprécations que lance Clemenceau, dans le sillage de Michelet, contre « les affreux rhéteurs de la compagnie de Jésus » qui ignorent « de parti pris les liens de nature qui nous unissent à nos frères d'en bas » parce qu'ils « poussent jusqu'aux extrémités du déraisonnement la logique de la théorie de l'âme issue de Dieu, privilège unique de l'espèce humaine [7] ». C'est dans cette optique encore que la gauche votera sans sourciller (bien qu'elle fût présentée par un député conservateur) la « loi Grammont » (1850) qui interdit pour la première fois en France les mauvais traitements infligés en public aux animaux domestiques.

On notera cependant les limites de cet anticartésianisme. Elles tiennent, pour l'essentiel, au fait qu'il demeure d'inspiration *humaniste, donc, en quelque façon, anthropocentriste.* Pour cette raison même, l'appel au respect de l'animal n'ira que rarement jusqu'à lui reconnaître des *droits.* A vrai dire, il

---

7. Cité par Maurice Agulhon dans « Le sang des bêtes », in *Romantisme*, n° 31 (1981). Je reprends ici la thèse défendue par Agulhon dans cet excellent article qui ne devrait à mes yeux être complété que sur un point : il existe aussi une tradition chrétienne favorable au respect de l'animal, ce que bien sûr les républicains anticléricaux ne risquaient pas de percevoir.

faudra attendre 1924 pour voir apparaître en France une « déclaration des droits de l'animal » en bonne et due forme. Encore faut-il préciser qu'elle est l'œuvre d'un original, André Géraud, et qu'elle restera presque sans échos. Comme le souligne Larousse lui-même, dans l'article pourtant très anticartésien et zoophile qu'il consacre aux animaux dans son dictionnaire, ces derniers ne sont pas « objet de justice », entendez : ils ne sauraient posséder une personnalité juridique comparable à celle des êtres humains. L'exigence de respect ne dépassera pas l'idée que nous avons des *devoirs non réciproques*. Au demeurant, les formules de Michelet (« nos frères inférieurs ») et Clemenceau (« nos frères d'en bas ») sont significatives de l'exacte portée de cet humanitarisme « philanthropique ». Certes, les animaux doivent *en tant que tels*, parce qu'ils sont des êtres sensibles et non de simples machines, nous inspirer une certaine compassion. Mais le plus grave, dans la cruauté et les mauvais traitements qu'on leur inflige, *c'est que l'homme s'y dégrade lui-même et perd son humanité*. C'est pourquoi, la loi Grammont ne sort pas des cadres de cet anthropocentrisme que les zoophiles contemporains jugent inqualifiable : l'interdiction des mauvais traitements ne porte, en effet, que sur les animaux *domestiques*, c'est-à-dire *proches de l'homme* (la loi ne protège pas les bêtes sauvages) et elle ne réprime que la cruauté accomplie *en public*, c'est-à-dire encore, si l'on y réfléchit, *celle qui peut heurter ou corrompre la sensibilité des hommes*.

Maurice Agulhon a bien formulé ce qui distingue ainsi la zoophilie du XIXᵉ siècle et celle qu'on peut rencontrer de nos jours (dans le monde anglo-saxon notamment) :

> « Aujourd'hui, la protection des animaux pourrait presque passer pour une branche de l'écologie... Lorsqu'on parlait (...) de protection des animaux au XIXᵉ siècle (...) on avait en vue quasi exclusivement, en tout cas principalement, les animaux domestiques, menacés par la violence de leurs maîtres et l'on espérait qu'en réfrénant cette violence mineure, on aiderait à réfréner la violence majeure des humains entre eux. La protection des animaux voulait être une pédagogie, et la zoophilie l'école de la philanthropie. *C'était un problème de relation à l'humanité, et non de relation à la nature*[8]. »

Dans une large mesure, le diagnostic voudrait aussi pour l'Angleterre de la même époque. Lorsque William Wilberforce et Thomas Fowell Buxton fondent, en 1824, leur société protectrice des animaux (RSPCA), ils sont connus, comme Victor Schœlcher en France, pour leurs opinions « progressistes » en faveur de l'abolition de l'esclavage — et ils ne manquent aucune occasion d'établir un parallèle entre les deux questions. Leur argumentation est, tout à la fois, humanitariste et philanthropique. La première loi protectrice en Angleterre (1822) ne va pas plus loin que ne le fera la loi Grammont : elle se borne, elle aussi, à interdire les mauvais traitements infligés *en public* aux animaux *domestiques*. L'homme y reste donc omniprésent.

---

8. *Idem.* p. 81.

Pour des raisons de fond, seul[9] un cadre philosophique bien particulier, celui de l'utilitarisme, allait permettre de dépasser l'anthropocentrisme, cartésien ou anticartésien, pour donner une forme doctrinale consistante — ce qui ne veut pas dire incontestable — à l'idée que l'homme n'est pas le seul sujet de droit, mais, d'une façon plus générale, tous les êtres susceptibles d'éprouver du plaisir et de la peine.

2. *L'utilitarisme et le mouvement de « libération animale »*

Un grand-père fondateur, Jeremy Bentham, un père fondateur, Henry Salt, et un digne héritier, Peter Singer, universitaire australien que beaucoup considèrent comme le *leader* actuel de la cause : telle est, très schématiquement, la généalogie que le « mouvement de libération animale » donne volontiers de lui-même[10]. Mais, au-delà de ses figures

9. Si l'on excepte le cas du romantisme de l'« écologie profonde », abordé dans la deuxième partie de ce livre.

10. Il faudrait pouvoir citer aussi les travaux de Regan, Clarke, Linzey, Meyer-Abbisch, parmi tant d'autres. La littérature américaine et allemande sur le droit des animaux est d'une abondance et d'une richesse étonnantes. Il a fallu à une bibliographie récente plus de six cents pages pour la recenser. Je me borne ici à donner un aperçu des principes de l'utilitarisme appliqué, sans entrer dans le détail des discussions et des positions philosophiques, parfois divergentes, de ceux qui s'expriment en faveur du droit des animaux.

héroïques, l'essentiel, sans nul doute, se trouve dans la doctrine.

Commençons par écarter un malentendu : l'utilitarisme n'est pas, comme le veut à tort une opinion courante, la théorisation de l'égoïsme personnel généralisé. Il se présente au contraire comme un universalisme ou, plutôt, un altruisme dont le principe pourrait s'énoncer de la façon suivante : une action est bonne quand elle tend à réaliser la plus grande somme de bonheur pour le plus grand nombre possible de personnes concernées par cette action. Elle est mauvaise dans le cas contraire. Il est clair que le postulat initial se confond si peu avec celui d'un hédonisme narcissique qu'il doit même entrer directement en conflit avec lui : *il est des cas où l'on peut exiger le sacrifice individuel au nom du bonheur collectif*, la nature exacte de ce conflit constituant d'ailleurs l'un des principaux problèmes de la théorie utilitariste.

Cela précisé, il est aisé de comprendre qu'à partir de telles prémisses, on en vienne à étendre la protection du droit à tous les êtres susceptibles de souffrir. Il faut citer ici dans son intégralité le passage, mille fois mentionné dans la littérature zoophile, où Jeremy Bentham exprime cette idée fondatrice de tout le mouvement. On se rappellera qu'il écrit au moment où la France vient de libérer les esclaves noirs, alors qu'on continue à les « traiter comme des animaux » dans les territoires britanniques :

« *Peut-être* le jour viendra-t-il où le reste du règne animal retrouvera ces droits qui n'auraient

81

jamais pu lui être enlevés autrement que par la tyrannie. Les Français ont déjà réalisé que la peau foncée n'est pas une raison pour abandonner sans recours un être humain aux caprices d'un persécuteur. Peut-être finira-t-on un jour par s'apercevoir que le nombre de jambes, la pilosité de la peau ou l'extrémité de l'os sacrum sont des raisons tout aussi insuffisantes d'abandonner une créature sensible au même sort. Quoi d'autre devrait tracer la ligne de démarcation ? Serait-ce la faculté de raisonner, ou peut-être la faculté du langage ? Mais un cheval parvenu à maturité ou un chien est, par-delà toute comparaison, un animal plus sociable et plus raisonnable qu'un nouveau-né âgé d'un jour, d'une semaine ou même d'un mois. Mais supposons qu'ils soient autrement, à quoi cela nous servirait-il ? La question n'est pas : peuvent-ils *raisonner* ? Ni : peuvent-ils *parler* ? Mais bien : peuvent-ils *souffrir* ? »

L'argument central est clair : les différences spécifiques invoquées d'ordinaire pour valoriser l'humain au détriment de l'animal (la raison, le langage, etc.) ne sont pas pertinentes. De toute évidence, nous n'accordons pas plus de droits à un homme intelligent qu'à un sot, ni à un bavard qu'à un aphasique. Le seul critère moral signifiant ne peut être que la capacité d'éprouver du plaisir et de la peine. D'emblée, l'argument *s'inscrit dans un cadre démocratique :* de façon toute tocquevilienne, il compte sur les progrès de « l'égalité des conditions », pour que, après les Noirs d'Afrique, les animaux entrent à leur tour dans la sphère du droit. C'est également au sein d'une vision du monde démocratique que nous n'accordons pas davantage à un sage qu'à un sot : un système aristocratique tiendrait au contraire qu'il faut *proportionner* les droits et les statuts.

On peut donc d'ores et déjà distinguer trois positions philosophiques opposées touchant la question du droit des animaux :

— La position cartésienne, selon laquelle la nature, y compris le règne animal, est tout entière privée de droit au profit de ce pôle unique de sens et de valeur qu'est le sujet humain.

— La tradition républicaine et humaniste telle qu'elle s'esquisse chez Rousseau ou Kant, mais aussi, pour une part, dans la France du XIXᵉ siècle : Quatre thèmes philosophiques s'avèrent inséparables : l'homme est le seul être qui possède des droits ; le but ultime de son activité morale et politique n'est pas d'abord le bonheur, mais la liberté ; c'est cette dernière qui fonde le principe de l'ordre juridique, et non primordialement l'existence d'intérêts à protéger ; malgré tout, l'être humain est lié par certains devoirs envers les animaux, en particulier celui de ne pas leur infliger de souffrances *inutiles*.

— La pensée utilitariste, au contraire, où l'homme n'est pas le seul à posséder des droits, mais, avec lui, tous les êtres susceptibles de plaisirs et de peines. *On dépasse donc ici le principe suprême de l'humanisme anthropocentrique* ; le but ultime de l'activité morale et politique est la maximisation de la somme de bonheur dans le monde, et non primordialement la liberté ; le droit a pour finalité première de protéger des intérêts, quel que soit le sujet dont ils sont les intérêts ; *toutes choses égales par ailleurs* (on verra ce que signifie cette réserve), il est donc aussi illicite de faire souffrir une bête qu'un être humain.

Le livre de Henry Salt, *Les droits de l'animal dans leur rapport avec le progrès social* (1892) ne fera que préciser les thèses de Bentham en les appliquant aux thèmes qui constituent, aujourd'hui encore, les passages obligés de la littérature zoophile : reconnaissance du droit des animaux sauvages, critique de l'abattage, de la chasse, de la mode des cuirs, des plumes ou des fourrures, de l'expérimentation sur les animaux, etc. Il ne saurait non plus être dit que l'originalité de Salt consiste dans le fait d'établir un passage entre les progrès de la démocratie et ceux de l'amour des animaux : le thème, à l'évidence, est déjà présent chez Bentham. Mais il est vrai qu'il lui donne une vigueur nouvelle, lorsqu'il entend établir un strict lien logique entre l'existence des droits de l'homme et la nécessité d'instituer ceux des animaux : « Les animaux ont-ils des droits ? Sans aucun doute si les hommes en ont » — telle est, dès la première ligne de l'ouvrage, la conviction affichée de Salt.

L'idée mérite qu'on s'y arrête : elle deviendra un véritable lieu commun de la pensée zoophile contemporaine. Très proche, jusque dans ses formulations, des prophéties tocqueviliennes sur l'évolution des sociétés démocratiques vers une égalisation sans cesse croissante des conditions, elle s'exprime chez Salt dans un dogme inébranlable : après l'émancipation des esclaves, puis celle des femmes, viendra un jour prochain le tour des animaux, tant il est vrai que « la risée d'une génération peut devenir la préoccupation de celle qui suit ». C'est là une nécessité qu'on pourrait dire inscrite dans le « sens de l'histoire ». Car « avec la grande révolution de 1789, ce sentiment d'humanité qui n'était ressenti jusqu'alors que par un homme, peut-être, sur un million, commence à se développer peu à peu et à se manifester comme un trait essentiel de la démocratie ».

Réflexion parfois subtile, proche de Tocqueville encore, sur la distance qui sépare entre eux les univers de pensée anciens et modernes, sur le bouleversement, aussi, des « évidences naturelles » que l'avènement de la démocratie ne cesse de produire au sein de la modernité. Salt en donne un indice appelé à jouer un rôle considérable dans la postérité : un an après la publication par Mary Wollstonecraft de sa *Revendication du droit des femmes* paraissait un pamphlet anonyme intitulé *A vindication of the rights of brutes (Une revendication du droit des bêtes)*, (1792). Rédigé par un philosophe platonisant du nom de Thomas Taylor, ce libelle entendait démontrer « par des arguments probants, que les espèces qu'on dit dépourvues de raison sont égales à l'homme ». Dérision, bien sûr, puisqu'il s'agissait, on l'aura compris, d'une démonstration par l'absurde dont l'argument central aurait pu être plus simplement : « Si les femmes, alors pourquoi pas les bêtes... »

Taylor ne croyait pas si bien dire. Car c'est ce même motif que reprendront non seulement les utilitaristes partisans du droit des animaux, mais aussi nombre de féministes à l'antiplatonisme militant. N'est-ce pas au nom de ce funeste dualisme de

85

l'âme et du corps, de l'intelligible et du sensible que la nature, la femme et l'animal, rangés tous trois d'un même mouvement du mauvais côté du partage, subiront la domination de la fraction mâle de l'humanité ? « Phallo-logo-centrisme », disent les plus averti(e)s... Et l'excellent professeur Stone, que nous avons déjà rencontré dans le rôle de l'avocat des arbres, le dira d'une formule qui résume bien des livres : « Nous avons transformé les enfants en personnes, bien qu'ils ne l'aient pas toujours été sur un plan juridique. Et nous avons fait de même, imparfaitement sans doute diraient certains, avec les prisonniers, les étrangers, les femmes (spécialement celles de l'espèce mariée), les fous, les Noirs, les fœtus et les Indiens [11]. » Les intéressé(e)s apprécie-ront...

Toujours est-il qu'à travers ce thème de l'égalisa-tion des conditions, c'est aussi l'un des traits les plus typiques de l'univers démocratique qui se trouve attribué aux animaux, à savoir *l'individualisme* et le droit à *l'authenticité* qui s'y attache. Salt est sans doute l'un des premiers, sinon le premier, à formuler de manière explicite cette exigence à propos des bêtes : « Vivre sa propre vie, réaliser sa propre personnalité, tel est le but moral le plus élevé de l'homme et de l'animal ensemble ; et il est difficile de mettre en doute le fait que les animaux possèdent, eux aussi, le sentiment de leur individualité. » Il ne s'agit plus seulement de protéger « nos frères infé-rieurs » des mauvais traitements que ne cessent de

---

11. *Op. cit.*, p. 4.

leur infliger les êtres humains, mais de revendiquer pour eux le droit à une vie bonne, à un plein épanouissement de soi.

C'est à cette nouvelle vision du règne animal que Peter Singer allait donner, dans son livre intitulé de façon significative *Animal liberation* (le titre évoque bien sûr le « MLF »), sa dimension la plus complète et la plus cohérente. Une précision s'impose : les lecteurs de Singer savent qu'il exprime, citant d'ailleurs Bentham, ses réserves quant à l'idée de droit en général. Au vocabulaire des *animal rights*, il préfère celui de l'*animal welfare*, du « bien-être animal », et l'on a pris l'habitude d'opposer à Singer des auteurs tels que Tom Regan, par exemple, qui s'expriment plus volontiers dans un registre juridique. C'est oublier un peu vite que Singer et Regan ont publié ensemble et qu'ils sont d'accord entre eux sur l'essentiel. C'est négliger aussi la filiation qui rattache Singer à Salt qui, lui, ne cesse de parler du « droit des animaux ». En vérité, il s'agit d'une querelle de mot : Singer, comme Bentham, refuse simplement d'entrer dans un conflit sémantique sur la notion de droit qui lui semble être surtout « une sténographie politique commode » pour désigner une idée plus large : celle de justice ou de respect moral dû à un être quel qu'il soit. Il y a certes des divergences entre Regan et Singer (sur le « droit de tuer », j'y reviendrai). Mais ce qui importe ici, c'est que Singer, avec Regan, considère l'animal comme *respectable en et pour lui-même*. Il le tient pour une « personne morale », pourvue d'une dignité *intrinsèque*. C'est là, bien entendu, l'essentiel.

Les principales idées du livre de Singer peuvent être rassemblées sous quatre chapitres :

THÈSE I : L'INTÉRÊT COMME FONDEMENT DU RESPECT MORAL ET COMME CRITÈRE DU SUJET DE DROIT.

C'est la capacité à éprouver du plaisir ou de la peine qui qualifie la dignité d'un être et le constitue, au sens large, en personne juridique. Cette capacité se traduit par le fait de « posséder des intérêts » — par où l'on voit que l'utilitarisme se distingue tout à la fois de l'anthropocentrisme (l'homme n'est pas le seul à remplir cette condition, donc, à être sujet de droit) mais aussi de l'écologie profonde puisque sa définition de la personnalité juridique exclut les pierres et les arbres :

« La capacité de souffrir et d'éprouver du plaisir est un *prérequis pour avoir des intérêts,* une condition à remplir avant de pouvoir parler sensément d'intérêts. Il serait insensé de dire qu'il n'était pas dans les intérêts du caillou, par exemple, de recevoir des coups de pied tout le long du chemin de l'écolier. Une pierre n'a pas d'intérêts parce qu'elle ne peut pas souffrir... Une souris a, en revanche, intérêt à ne pas recevoir de coup de pied tout le long du chemin, parce qu'elle en souffrirait... C'est ainsi que la limite de la sensibilité (un terme sténographique commode bien qu'imparfait pour désigner la capacité de souffrir et/ou de ressentir du plaisir) constitue la seule limite valable au respect qu'il nous faut accorder aux intérêts des autres. Il serait arbitraire de fixer cette limite au moyen d'une autre

caractéristique telle que l'intelligence ou la rationalité [12]. »

Si le droit est, au sens large, le système par lequel
les intérêts sont reconnus et respectés, les rochers et
les arbres en sont exclus. Notons, sur l'autre front, la
différence fondamentale qui sépare ici l'utilitarisme
de l'humanisme hérité de Rousseau et de Kant :
pour ces derniers, c'est *au contraire la faculté de
s'arracher aux intérêts (la liberté) qui définit la
dignité et fait du seul être humain une personne
juridique.* Antithèse absolue, dont Singer méconnaît
d'emblée la véritable nature. Il commet une erreur
manifeste — sur laquelle il faudra s'interroger —
lorsqu'il croit déceler chez ses adversaires l'unique
souci de privilégier la raison, le langage ou l'intelligence. Car il est clair qu'aux yeux de Rousseau et de
Kant, ce ne sont pas ces dernières qualités qui
qualifient l'homme comme être moral, mais la
liberté ou, dans un autre registre, la « bonne
volonté », c'est-à-dire la capacité à agir de façon non
égoïste, soit, au sens propre : *désintéressée.*

THÈSE II : L'ANTISPÉCISME OU L'ÉGALITÉ FORMELLE DE
TOUS LES ÊTRES SOUFFRANTS ET/OU JOUISSANTS.

Toutes choses égales par ailleurs, les intérêts se
valent entre eux, étant donné qu'« un intérêt est un
intérêt quel que soit l'être dont il est l'intérêt ». Ce

---

12. *La libération animale,* 1975 (trad. à paraître aux éd.
Grasset en 1993).

principe fonde une égalité *formelle* absolue entre tous les êtres capables de plaisir et de peine. Comme le dit Singer d'une formule qui résume son « antispécisme » (terme forgé sur « antiracisme » et « antisexisme ») et fonde son inlassable critique du « chauvinisme humain » : « Tous les animaux (dont l'homme) sont égaux. »

On retrouve ici l'argumentation qui faisait l'originalité du livre de Salt : c'est parce que nous admettons la validité des arguments antiracistes et antisexistes, parce que nous sommes, d'un point de vue rationnel, contraints de reconnaître l'égale valeur des intérêts comme tels (les intérêts des Noirs valent ceux des Blancs, et ceux des femmes valent ceux des hommes) que nous devons faire un pas supplémentaire et accepter le principe fondamental de l'antispécisme :

> « Le " spécisme " — le mot n'est pas très joli, mais il ne m'en vient pas de meilleur à l'esprit — est un préjugé ou une attitude de parti pris en faveur des intérêts des membres de sa propre espèce et de parti pris défavorable envers ceux des membres des autres espèces. Il devrait sauter aux yeux que les principales objections formulées par Thomas Jefferson et Sojourner Truth à l'encontre du racisme et du sexisme s'appliquent également au spécisme... Les racistes violent le principe d'égalité en donnant, lorsque surgit un conflit entre leurs intérêts et ceux des représentants d'une autre race, plus de poids aux intérêts des représentants de leur propre race. Les sexistes violent le principe d'égalité en privilégiant les intérêts des gens du même sexe qu'eux. De même, les spécistes permettent aux intérêts de leur

propre espèce de prendre le pas sur les plus grands
intérêts des membres des autres espèces. Dans les
trois cas, il s'agit du même type de comportement [13]. »

L'égalité défendue n'est donc rien d'autre que
l'égalité formelle propre aux déclarations libérales
des droits de l'homme. Singer y insiste à juste titre :
ces textes canoniques font de « l'égalité une idée
morale, non une affirmation de fait... *le principe de
l'égalité des êtres humains n'est pas la description
d'une prétendue égalité factuelle ; c'est une pres-
cription quant à la façon dont nous devrions les
traiter* [14] ». Il s'agit, comme chez Bentham et Salt,
mais aussi comme dans toute la tradition du libéralisme politique, de reconnaître que les individus sont
également respectables *en droit,* quelles que soient
les différences d'intelligence ou de talent qui les
distinguent *de facto.* Le fait de posséder un QI plus
élevé que la moyenne, de parler mieux, d'être plus
beau ou plus grand ou plus doué pour les arts, etc.,
ne confère aucun droit supplémentaire à l'heureux
bénéficiaire de ces talents. Pour parodier un célèbre
exemple de Bentham, le paysan inculte bénéficierait
des mêmes garanties juridiques qu'Isaac Newton
s'ils se trouvaient d'aventure opposés dans un procès
en justice. Ainsi, le fait que les humains soient
(globalement) plus intelligents que les animaux ne
confère aucune supériorité *intrinsèque* à la valeur de
leurs intérêts.

---

13. *Ibid.*, p. 15.
14. *Ibid.*, p. 8.

On commence à percevoir en quoi la position de Singer est plus cohérente et plus forte que la zoophilie ordinaire. Elle ne saurait être réduite au statut de simple symptôme d'une réalité sociologique. Il y a peut-être un lien entre les progrès de la démocratie et ceux du respect pour les êtres vivants, mais on pourrait tout aussi bien remarquer que les arguments invoqués par Singer sont pour l'essentiel déjà présents, au moins en principe, dans l'utilitarisme de Bentham — bien avant, donc, que l'amour des animaux ne devienne une passion de masse. Il faut aussi observer que, au sein des conceptions du droit dominantes dans les pays anglo-saxons (où le système juridique est pensé comme système de protection des intérêts), il n'est guère aisé d'opposer des raisons convaincantes au passage que Singer établit entre droits de l'homme et droit des animaux. Dans cette optique, en effet, comment contester qu' « un intérêt est un intérêt, quel que soit l'être dont il est l'intérêt » ? Comment, dès lors, reprocher à Singer de tirer les conséquences rigoureuses de prémisses qui semblent, somme toute, très largement admises (bien qu'il y ait des tentatives pour les réfuter, la *Théorie de la justice* de Rawls en fournissant le meilleur exemple).

THÈSE III : DES DIFFÉRENCES ENTRE LES ANIMAUX ET LES HOMMES.

Si l'on veut considérer la thèse antispéciste à son meilleur niveau, il faut ajouter que l'égalité formelle entre tous les animaux, « humains ou non », n'implique en rien l'indifférenciation des cas particuliers. Au nom même de l'utilitarisme, on doit admettre que, certains êtres souffrant plus que d'autres dans certaines conditions, ils doivent être traités différemment — l'essentiel étant que cette différence ne dépende pas a priori de l'appartenance à telle ou telle espèce, mais bien de la réalité de la souffrance.

Pour prendre un exemple cher à Singer : un humain condamné à mort souffrira plus qu'un animal placé dans la même situation, car il anticipera la sentence. En revanche, un animal sauvage placé en « prison » (cage) souffrira davantage qu'un être humain, car il est impossible de lui faire comprendre le caractère éventuellement provisoire de sa détention, ni qu'il ne lui sera fait aucun mal, etc. Il faut donc adapter le principe de l'égalité formelle, de sorte que ce qui est légitime pour un homme ne le sera pas pour un animal, et réciproquement :

« Ce que notre souci ou notre considération exige que nous fassions peut justement dépendre des caractéristiques des gens visés par notre action : le souci du bien-être des enfants grandissant en Amérique exigerait que nous leur apprenions à lire ; le souci du bien-être des cochons n'exige probablement rien d'autre que nous les laissions en compagnie d'autres cochons dans un endroit où il y a suffisamment de nourriture et d'espace pour courir librement. Mais l'élément fondamental, à savoir la prise en considération des intérêts de la créature — quels que puissent être ces intérêts —, doit, en vertu du principe d'égalité, s'appliquer à toutes les

93

créatures, de race blanche ou noire, de sexe masculin ou féminin, de nature humaine ou non humaine [15]. »

La même gifle appliquée sur la fesse d'un bébé ou sur celle d'un cheval ne suscitera pas la même quantité de douleur et n'aura donc pas le même degré d'illégitimité — bien qu'on puisse imaginer une proportion entre les deux coups qui donnerait un effet identique pour l'une et l'autre créature...

THÈSE IV : LA FIN DE L'ANTHROPOCENTRISME.

En vertu de ce qui précède, c'est le privilège de l'humanité qui s'évanouit dans son principe. Une prérogative pourra lui être accordée seulement *dans certains cas*, et pour des raisons rationnelles (calculables en termes de plaisir et de peine).

En effet :

« Quels que soient les critères choisis, il nous faudra bien admettre qu'ils ne suivent pas de manière précise la limite de notre propre espèce. Nous pouvons logiquement soutenir qu'il y a certaines caractéristiques de certaines créatures qui donnent plus de valeur à leur vie qu'à celle d'autres créatures : mais il y aura certainement, quels que soient nos standards, des animaux non humains dont la vie aura plus de valeur que celle de certains humains. Un chimpanzé, un chien ou un cochon

---

15. *Ibid.*, p. 9.

auront, par exemple, une conscience plus aiguë de soi et une plus grande capacité de nouer des liens que n'en aura le nourrisson gravement arriéré ou l'individu dans un état de sénilité avancée [16]. »

Comprenons bien Singer : s'il choisit ces exemples, c'est pour montrer que, quel que soit le critère retenu — conscience, rationalité, sociabilité, ou capacité de plaisir et de peine —, il nous faudra abandonner le spécisme, *en raison de la continuité fondamentale entre le genre animal et le genre humain, continuité en vertu de laquelle, dans les cas limites, plus fréquents qu'on ne le pense, l'animal se trouve être supérieur à l'homme selon tous les critères pertinents possibles* (je note cependant, dès maintenant, que Singer n'envisage *jamais* le critère de la liberté définie comme faculté d'arrachement à la nature, de résistance aux intérêts et aux inclinations égoïstes — critère qui est pourtant celui que mobilise toute la tradition issue de Rousseau et de Kant pour distinguer l'animalité de l'humanité).

De là les exemples incessants que propose Singer pour tester sa théorie : entre le nourrisson débile, le vieillard sénile et le cochon en pleine santé, qui faut-il choisir ? Voici, parmi tant d'autres, un échantillon de ce type de problématique :

« Les chimpanzés adultes, les chiens, les cochons et les membres de bien d'autres espèces d'animaux sont nettement supérieurs au bébé au cerveau endommagé quant à leurs capacités de nouer des

---

16. *Ibid.*, p. 35.

liens, d'agir avec autonomie, d'être conscients d'eux-mêmes et toute autre capacité dont on pourrait raisonnablement dire qu'elle donne une valeur à la vie. Avec les meilleurs soins possibles, certains bébés profondément retardés ne pourront jamais atteindre le niveau d'intelligence d'un chien. Nous ne pouvons pas non plus faire appel au désir des parents du bébé car eux-mêmes, dans cet exemple hypothétique qu'on imagine ici (et dans certains cas réels) ne veulent pas que le bébé soit maintenu en vie. La seule chose qui distingue le bébé de l'animal, aux yeux des partisans de son " droit à vivre " est qu'il fait partie, sur le plan biologique, de l'espèce *homo sapiens*, alors que n'en font pas partie les chimpanzés, les singes et les cochons. Il va sans dire que le fait de se servir de cette différence comme d'une raison pour accorder au bébé, et non aux autres animaux, le droit de vivre, relève du spécisme le plus pur. C'est exactement le genre de différence arbitraire dont se sert le racisme le plus cru et le plus patent pour essayer de justifier la discrimination raciale [17]. »

Partisan de l'euthanasie (au nom, bien sûr, des mêmes options philosophiques : pourquoi continuer à vivre si la somme de souffrances l'emporte sur celle des plaisirs ?), Singer est encore aujourd'hui interdit de parole en Allemagne où ses propos furent interprétés comme un véritable appel au meurtre des aliénés. La culpabilité refoulée, le souvenir de ce

---

17. *Ibid.*, p. 33, cf. aussi, pour d'autres exemples p. 34, et tous les ouvrages d'éthique appliquée de Singer qui en fourmillent.

fameux « passé qui ne veut pas passer » sont d'évidence à l'origine de cette attitude d'hostilité. L'honnêteté intellectuelle oblige pourtant à constater que les thèses de Singer ne sont, ici encore, qu'une conséquence logique et cohérente des présupposés fondamentaux de l'utilitarisme. Je suggère donc aux universitaires allemands qui ont refusé de laisser parler Singer (ou qui ont, à tout le moins, cédé aux pressions qui allaient en ce sens) d'exiger au plus tôt l'autodafé des livres de Bentham et de Stuart Mill...

A ces quatre thèses fondamentales, adjoignons encore deux réflexions qu'il faut prendre en compte dans la discussion : l'une à propos du « droit de tuer », l'autre touchant les urgences du mouvement de la libération animale.

Contrairement à une opinion qu'on pourrait croire évidente, l'utilitarisme, cohérent avec ses prémisses, n'est pas toujours a priori hostile à toute forme de mise à mort, qu'il s'agisse des humains (on vient de le voir) ou des animaux. C'est en ce point, notamment, que Singer se sépare d'autres théoriciens zoophiles, par ailleurs très proches de lui, tels que Tom Regan. Professeur à l'université de Caroline du Nord, auteur d'un fameux ouvrage intitulé *The case for animal rights* (1983), Regan défend l'opinion selon laquelle l'animal serait le « sujet de sa propre vie ». A ce titre, il *posséderait* des qualités particulières telles que la mémoire, des croyances, des préférences, des émotions... et parmi celles-ci, le droit à la vie, c'est-à-dire, concrètement, le droit à ne pas être privé par autrui de la jouissance de son propre futur — ce pourquoi, chez les humains, note Regan, on déplore davantage la mort d'un jeune que

97

celle d'un vieux, puisque la privation est plus grande pour le premier que pour le second.

De son côté, Singer se contente de défendre un strict utilitarisme : dans certaines situations, la mort par suicide ou euthanasie peut être jugée préférable à la vie. A chacun d'en décider. De même, il faut, dans certains cas, se résoudre à sacrifier des animaux pour que des humains puissent vivre — l'exemple type étant celui des « Indiens » ou, pour mieux dire, de ces « *native americans* » qui devaient chasser le bison pour se nourrir durant l'hiver. Tout est affaire de « prudence », de choix pratique en fonction de casuistiques contingentes. Le seul principe qui cependant doit être affirmé est le suivant : « Du moment que nous gardons à l'esprit qu'il nous faut accorder le même respect à la vie des animaux que celui que nous accordons à la vie des êtres humains de niveau intellectuel similaire, nous ne risquons guère de nous tromper [18]. »

La seconde remarque est que les urgences du mouvement n'ont rien à voir avec la sensiblerie médiatique, mais seulement avec la prise en compte calculable et calculée de la quantité de souffrances occasionnées par nos comportements envers les animaux. Autrement dit, ni les baleines perdues dans les glaces, ni les chiens abandonnés, ni même les palombes ou les bébés phoques ne sont à proprement parler des urgences. Mais le sont à l'évidence pour Singer 1) les dizaines de millions d'animaux de laboratoire sacrifiés chaque année, et

---

18. *Ibid.*, p. 38.

2) les milliards d'animaux que représente l'élevage en vue de l'alimentation. Le souci de cohérence, omniprésent chez Singer, est maintenu lorsqu'il s'agit de passer à la pratique.

Éléments pour une critique de la « libération animale »

La principale difficulté des thèses de Singer — si l'on se refuse à les tourner en dérision par la mise en évidence de l'absurdité ou du caractère choquant de certaines conséquences qui s'en déduisent — tient à ce qu'il accepte comme horizon indépassable de la rationalité la seule logique calculante des intérêts. Il est fâcheux, dans ces conditions, qu'à aucun moment il ne discute de façon correcte le point de vue de Rousseau et de Kant qu'il range à tort du côté de ceux pour qui la supériorité des hommes sur les animaux tiendrait à la seule raison. C'est manquer toute la différence qui sépare ici la pensée critique de celle, par exemple, d'Aristote. Car c'est la liberté (ou, dans le langage de Kant, la raison « pratique ») et non l'intelligence (la raison théorique) qui constitue la différence spécifique recherchée. Il est possible de contester, comme le fait Singer, qu'il y ait discontinuité entre les hommes et les animaux touchant à la capacité d'éprouver de la souffrance. En la matière tout n'est sans doute qu'affaire de degré, non de saut qualitatif. Mais cette affirmation ne répond en rien à la position qui place ailleurs, à savoir dans la liberté et non dans les sentiments naturels, le principe de la dignité des hommes.

On répondra peut-être, en suivant Bentham, que seule importe la souffrance. Mais on rencontre une deuxième difficulté : car il faudrait justement montrer en quoi la souffrance des animaux est, en tant que telle, respectable — démonstration que l'utilitarisme s'épargne la peine de mener à bien, convaincu qu'il est de l'évidence selon laquelle l'existence d'intérêts fonde immédiatement, du moins en principe, celle du droit protecteur de ces intérêts. De là le fait qu'il s'efforce de prouver que les animaux ont bien des intérêts (puisqu'ils souffrent), donc, au sens large, des droits (puisqu'ils ont des intérêts), sans prêter attention au fait que ce n'est pas le contenu de l'argumentation elle-même (les animaux ont des intérêts), mais sa prémisse fondamentale (l'intérêt fonde le droit) que contesterait un disciple de Rousseau. Dans l'un des textes qu'il consacre à la question, Singer croit trouver une solution dans l'argumentation suivante :

« Toutes choses égales par ailleurs, il ne peut être dans mon intérêt de souffrir. Si je souffre actuellement, c'est que je dois être dans une situation que, en tant que ses propriétés intrinsèques sont concernées, je préférerais éviter. (...) Réciproquement, être heureux c'est être dans une situation que, toutes choses étant égales par ailleurs, on choisirait de préférence aux autres. Il peut bien sûr y avoir, en dehors du bonheur et de la souffrance, d'autres choses que nous valorisions ou dévalorisions. Mais le point est ici que si nous comprenons cette méthode

100

de raisonnement éthique, la signification de la souffrance et du bonheur est incontestable [19]. »

Le raisonnement est fort bon, mais ne montre en rien la signification *éthique* de la souffrance, seulement son importance pour nous, que nul ne songe à contester. En d'autres termes, il est beaucoup de choses qui peuvent m'importer, mais pas nécessairement pour des raisons morales. L'amour, nul ne le contestera, est la source des plus grandes joies comme des plus grandes douleurs. Et pourtant, il n'est pas certain que la morale, encore moins le droit y trouvent leur place, que leurs règles en régissent le destin... Comprenons-nous bien : je ne dis pas que la souffrance ne puisse avoir, dans certains cas, une signification éthique, que nous ne devions, par exemple, travailler autant que faire se peut au bonheur des autres, ou, à tout le moins, à ne pas leur causer de peines injustifiées. Simplement, cela ne va pas de soi et il faudrait aller plus loin, cerner davantage le poids éthique du plaisir et de la peine pour que la revendication d'un certain respect des animaux, ainsi moins dépendante d'une doctrine particulière (l'utilitarisme), reçoive une meilleure assise sur le plan philosophique.

Faute d'une telle analyse, nous sommes renvoyés à un simple fait de *nature* — par où le mouvement de la libération animale retrouve sa parenté avec l'écologisme. Pour être différente de l'écologie pro-

---

19. « The significance of animal suffering », in *Behavioral and Brain Sciences*, 1990, 13, 1-61, p. 9 sq.

fonde, la position utilitariste n'en demeure pas moins, elle aussi, animée par une forme d'antihumanisme. Certes, il s'agit de montrer, à l'encontre de l'écologie profonde, que le droit des animaux se situe dans le sillage direct des droits de l'homme, de la réfutation rationnelle et démocratique du racisme et du sexisme. *Mais la culture, entendue comme effet de la liberté, elle-même définie comme arrachement à la nature, n'est jamais prise en compte comme telle. Car si tout est calculable, selon la logique de l'utilitarisme, c'est précisément parce que tout est naturel.* Telle est aussi la raison pour laquelle il ne saurait y avoir de *discontinuité* entre nature et culture, entre animalité et humanité.

Ce qui pose à l'évidence une dernière question, laquelle renvoie cette fois au délicat problème de la cohérence *interne* de l'utilitarisme : si l'on suppose, en effet, que tout est calculable, que tout est affaire d'intérêts bien compris et que seuls les intérêts sont respectables, sur quel ressort s'appuyer encore pour exiger le *sacrifice* que suppose toujours, peu ou prou, l'attitude morale ? Interrogation classique, à vrai dire, qui préoccupait déjà les pères fondateurs de la doctrine — à commencer par Henry Sidgwick [20] — et que semble tout à fait ignorer Singer. L'utilitarisme considérait comme vertueuse, non pas l'action égoïste, qui ne prend en compte que l'intérêt personnel, mais celle qui considère la somme globale des

20. Voir sur ce point l'intéressant article de Lukas Sosoe paru dans les *Cahiers de philosophie politique et juridique de Caen*, n° 18, 1990.

souffrances et des peines dans le monde. Toutefois, comment passera-t-on de l'une à l'autre, si tout n'est que calcul ? Pour quelles raisons accepterais-je de ne plus manger l'excellent foie gras, si la souffrance des oies gavées m'indiffère et que je n'éprouve aucune *sympathie* à leur égard ? Bref, si je ne dispose pas d'une faculté *d'anti-nature* — cette liberté dont parle Rousseau —, d'une capacité de m'arracher à mes intérêts égoïstes pour m'élever à la considération du tout, comment pourrais-je trouver la moindre raison d'obéir aux principes de l'utilitarisme ? Bien plus : n'est-ce pas justement cette faculté de liberté qui seule me permet de poser des valeurs morales *et de les distinguer comme telles des simples intérêts qui, dès lors qu'ils ne sont pas les miens, peuvent à juste titre me laisser indifférent ?* N'est-ce pas là encore que se situe la différence qualitative, et non simplement quantitative, entre l'homme et l'animal ? On a déjà vu des hommes se sacrifier pour protéger des baleines, avouons que la réciproque est plus rare[21]. Et s'il ne s'agissait pas d'une simple coïncidence, mais bien d'une différence essentielle, celle entre des êtres de nature et des êtres, non seulement de raison, mais de liberté, c'est-à-dire d'anti-nature ?

Singer souligne, peut-être à bon droit, que le fait de posséder le langage, le raisonnement mathématique, voire une sociabilité ou une affectivité plus développées ne constitue pas des motifs suffisants

---

21. Ce qui n'exclut pas l'hypothèse d'un dévouement animal, lié à l'*affectivité*.

pour qualifier une créature d'être moral. En revanche, on voit mal comment, en l'absence de la liberté, une quelconque éthique normative pourrait se déployer — mais seulement une *éthologie*, une simple description des mœurs et des coutumes, incapable par définition d'être en quoi que ce soit prescriptive, de fonder cette force impérative du respect qui, justement parce qu'elle est impérative, contient toujours en elle un élément d'opposition à la nature.

Le critère de la liberté s'avère posséder un statut tout différent des autres critères évoqués par Singer (raison, langage, sociabilité, etc.). Car si l'on suit Rousseau, qui est tout à la fois anticartésien (les animaux ont une sensibilité) et antiaristotélicien (la différence spécifique avec les hommes n'est pas la raison, car les bêtes, à l'évidence, possèdent une intelligence), la continuité entre les êtres vivants sur laquelle repose l'essentiel de l'argumentation de Singer cesse d'être aussi incontestable qu'il le pense. On pourrait sans doute montrer une certaine continuité dans la souffrance, dans l'intelligence, voire dans le langage ; mais s'agissant de la liberté, les animaux et les hommes paraissent séparés par un abîme. Il porte même un nom : l'histoire, qu'il s'agisse de celle de l'individu (éducation) ou de celle de l'espèce (politique). *Jusqu'à preuve du contraire les animaux n'ont pas de culture, mais seulement des mœurs ou des modes de vie et le signe le plus sûr de cette absence est qu'ils ne transmettent à cet égard aucun patrimoine nouveau de génération en génération.* A moins de considérer, comme le fait la sociobiologie, que la culture humaine n'est elle aussi

que l'expression d'une nature (mais dans ces conditions, pourquoi évolue-t-elle ? Pourquoi n'y a-t-il pas
une culture unique à l'espèce, comme c'est le cas pour
les mœurs des abeilles ou des fourmis ?), il faut bien
prendre en compte cette différence spécifique, cette
discontinuité radicale.

Comment répondre à la question sans cesse mise en
avant par Singer : au nom de quel critère rationnel,
ou même seulement raisonnable, pourrait-on prétendre dans tous les cas de figure devoir respecter
davantage les humains que les animaux ? Pourquoi
sacrifier un chimpanzé en bonne santé plutôt qu'un
être humain réduit à l'état de légume ? Si l'on
adoptait un critère selon lequel il y a continuité entre
les hommes et les bêtes, Singer aurait peut-être raison
de considérer comme « spéciste » la préférence accordée au légume humain. Si nous prenons en revanche
le critère de la liberté, il n'est pas déraisonnable
d'admettre qu'il nous faille respecter l'humanité,
même en ceux qui n'en manifestent plus que les
signes résiduels. C'est ainsi que l'on continue de
traiter avec égard un grand homme pour ce qu'il a été
dans le passé lors même que les atteintes de l'âge lui
ont ôté depuis longtemps les qualités qui avaient pu
en faire un artiste, un intellectuel ou un politique de
génie. Pour les mêmes raisons, nous devrions mettre
la protection des œuvres de culture au-dessus de celle
des modes de vie naturels des animaux bien que,
heureuse évidence, les deux ne s'excluent pas mutuellement. Car la préférence éthique accordée au règne
de l'anti-nature sur celui de la nature ne nous
dispense pas de réfléchir, et si possible de faire droit à
la spécificité *équivoque* de l'animalité.

III

NI HOMME NI PIERRE :
L'ÊTRE ÉQUIVOQUE

La photo représente un taureau poursuivi par une foule inquiétante. On sait, on voit immédiatement qu'il va mourir. Mais, comme la scène évoque le rituel d'un lynchage, on pressent qu'avant d'en arriver à cette libération ultime, le chemin sera long et douloureux. Cette étrange dramaturgie se déroule de nos jours, en Espagne, dans un petit village du nom de Coria. Il s'agit d'un jeu, bien sûr, dont les règles sont d'une extrême simplicité : à 4 heures du matin, on lâche le taureau dans les rues et on le crible de fléchettes en visant d'abord les yeux et les parties les plus sensibles. Quatre heures plus tard, l'animal sera roué de coups jusqu'à ce qu'il meure de ses blessures. Sur l'image, il ressemble à ces pelotes d'épingles dont se servaient autrefois les couturières. Les petites piques blanches forment un tissu si serré qu'on le dirait neigeux. Deux hommes le désignent du doigt en souriant. L'un d'entre eux tient à la main une banderille qu'il plantera, quelques secondes plus tard (comme il apparaît sur une autre photo), dans l'anus de l'animal. Toute la population participe à la fête...

Ce jeu n'a rien à voir, ou presque, avec la corrida. Il n'est besoin d'aucun talent particulier pour y prendre part et nul ne songerait à le comparer à un art. Simplement, il met en scène, pour le plaisir, la réalité de la souffrance animale. Or, cette souffrance fascine. A preuve le fait que ce genre de divertissement, où l'intensité de la douleur qui précède la mise à mort regroupe entre eux les hommes, trouve ses équivalents dans tous les pays ou presque, et à toutes les époques. En France, sous la Restauration, on s'amuse comme on peut dans les guinguettes des barrières parisiennes [1] : ici on lapide un coq, là on organise un tir aux fléchettes dont la cible est un rat vivant cloué sur une planche de bois. De nos jours, en Australie, on doit se débarrasser des nuées de lapins qui, de temps à autre, deviennent un réel fléau. Faut-il pour autant organiser ces parties de base-ball où l'animal, qui vient remplacer la balle, explose littéralement sous la batte du relanceur à la grande joie d'un public nombreux et enthousiaste ?

On se plaît parfois à évoquer la cruauté des marchés chinois où les poussins et les chatons sont « épluchés », puis embrochés et grillés encore vifs, les serpents débités en rondelles alors qu'on les maintient en vie des jours durant pour mieux conserver leur chair, les singes trépanés afin d'en déguster la cervelle encore chaude tandis qu'ils continuent de remuer faiblement... Au sens propre comme au figuré, rien ne nous interdit aujourd'hui encore de torturer les « êtres non humains », puisqu'ils ne sont qu'amas de matière sans importance. Pour peu qu'ils soient, sous un prétexte ou sous un

---

1. Cf. Maurice Agulhon, *loc. cit.*, p. 83.

autre, classés dans la catégorie des « nuisibles », leur « destruction » devient même un exercice légitime et utile. Les derniers interdits tombent et tous les moyens sont bons pour parvenir à des fins ainsi justifiées par l'autorité publique autant que par le cartésianisme ambiant. L'animal pris au piège, capturé encore vivant, ne terminera pas ses jours en douceur : seul face à l'homme qui possède sur lui tous les droits, l'usage veut qu'on lui fasse cher payer son appartenance à la sphère de ceux qui nuisent aux maîtres de tous lieux.

Même lorsqu'il s'agit d'un animal d'élevage, le seul fait qu'il soit destiné par essence à être tué pour la consommation suffit presque toujours, *parce qu'il est dès lors, en tant que simple matériau brut, privé de toute dignité,* à lui garantir quelque mauvais quart d'heure. Ainsi des poules plumées vivantes, des grenouilles dont on prélève les cuisses sans les assommer, des lapins dont on arrache les yeux pour les saigner, des porcs que l'on roue de coups (« ça les rend meilleurs ») avant de les égorger, si possible de façon lente et douloureuse... Certains paysans ont l'élégance de les estourbir au préalable, mais ils sont beaucoup moins nombreux qu'on ne le croit et, en toute hypothèse, rien ne les y contraint. Je possède encore un livre de cuisine, publié en France entre les deux guerres, qui précise comment, pour le succès d'une certaine recette, « le lièvre demande à être écorché vif ». Curieuse exigence, en vérité...

La question ne peut être éludée : pourquoi tant de haine si les bêtes ne sont que des choses ?

Il faudrait, pour y répondre, une phénoménologie de l'équivocité animale et des sentiments contradic-

109

toires qu'elle suscite en nous, tout particulièrement dans un univers moderne où les hiérarchies entre les êtres se sont estompées. La psychanalyse nous apprend sans doute beaucoup sur la nature du sadisme comme disposition du sujet. Elle s'est, en revanche, moins intéressée aux *objets* sur lesquels il se cristallise le plus volontiers, à commencer par le premier d'entre eux : le corps vivant de l'animal. Voici, je crois, pourquoi son équivocité fascine.

Nous sommes, depuis Descartes au moins, *autorisés* à le traiter comme une simple *chose* dénuée de la moindre signification éthique. La loi Grammont protégeait l'animal *domestique* contre la cruauté pratiquée *en public*. Mais de l'animal sauvage et des sévices privés, la législation, encore cartésienne en son fond, ne dit mot. C'est suggérer qu'il n'a aucun statut moral et qu'à le traiter « comme une bête », notre « surmoi », ou ce qui en tient lieu, est sauf. Mais quel plaisir (ou quel effroi), quel frémissement intime inavouable nous saisirait si nous n'avions affaire *en vérité* qu'à de la mécanique ? Maupertuis le disait déjà contre Descartes, dans une lettre fameuse : « Si les bêtes étaient de pures machines, les tuer serait un acte moralement indifférent, mais ridicule : ce serait briser une montre. »

La remarque est plus profonde qu'il n'y paraît. L'animal n'est ni un automate, ni même une plante dont les racines seraient « dans le ventre », comme le voulaient les cartésiens. En vérité, nous savons bien qu'il souffre. Et même si nous ne pouvons évaluer la nature exacte de sa douleur, le degré de conscience qui s'attache à ses cris, les signes en sont suffisamment visibles, les symptômes assez transparents

110

pour qu'il n'y ait aucun doute sur sa proximité avec nous.

Or, le spectacle de la souffrance ne peut laisser *tout à fait* indifférent, s'agirait-il de celle d'un porc ou d'un lapin. Car elle est, selon un certain concept de la vie, le symbole par excellence de la non-appartenance au monde des choses : elle est *finalisée*, elle induit des réactions, telles que la fuite, qui témoignent d'une *signification*. A la fin du XVIIIe siècle, on définissait volontiers la vie comme la « faculté d'agir d'après la représentation d'une fin » — ce pourquoi, croyait-on, les plantes, qui ne peuvent se mouvoir « parce qu'elles ont l'estomac dans la terre », ne sont pas des êtres vivants. Cette définition n'a plus sa place dans l'édifice des sciences contemporaines. Elle conserve pourtant un sens dans l'optique d'une phénoménologie des signes de la liberté : le mouvement finalisé, l'action si l'on veut, reste pour nous le critère visible de l'animalité, ce qui la distingue de la matière inorganisée, mais aussi du monde végétal — ce pourquoi les intermédiaires, anémones ou plantes carnivores, conservent encore à nos yeux une part de mystère. Et c'est par cette capacité d'agir de façon non mécanique, orientée par une fin, que l'animal, *analogon* d'un être libre, nous apparaît, qu'on le veuille ou non, dans une certaine relation avec nous. Sa souffrance en est la trace. *Ainsi pensée de façon non utilitariste, elle nous fournit le concept synthétique entre l'idée qu'il faudrait respecter les animaux pour ne point avilir l'homme et celle selon laquelle ils posséderaient des droits intrinsèques.* Telle est la signification de l'*analogie*.

Il ne s'agit donc pas de revenir, pour la contester, sur la différence fondamentale établie par Rousseau entre animalité et humanité. L'animal reste sans doute un être de nature. Comment, pour autant, ne pas tenir compte de ce qui en lui n'est pas de l'ordre de la simple choséité ? Comment nier son équivocité ? A cet égard, la souffrance n'est qu'un cas particulier des multiples signes qui laissent percevoir que la bête et l'automate ne sauraient être confondus dans la même classification des êtres.

Telle est sans doute la raison pour laquelle l'animal peut éveiller en nous le sadisme aussi bien que la compassion — sentiments qui ne sont d'évidence que les deux faces d'une même disposition psychique. La bête en est l'objet *rêvé*. Souvenons-nous de ce que Freud nous apprend du « rêve éveillé ». Il est l'histoire qu'on se raconte à soi-même pour satisfaire, de façon imaginaire du moins, certains désirs inassouvis dans la réalité. D'où la banalité, pourtant inavouable, de ces « châteaux en Espagne » où le héros, c'est-à-dire nous, se trouve d'ordinaire comblé des succès que le monde réel lui refuse. Argent, puissance, amour : tout lui appartient alors, sur un mode qui avoisine la folie. On connaît l'heureuse formule : « Le névrosé est celui qui construit des châteaux en Espagne, le psychotique y habite, le psychiatre encaisse le loyer... »

Dans le rêve, donc, l'intrigue convient à nos désirs. Mais lorsque ces derniers sont *interdits*, parce que réputés immoraux ou peu convenables — et Dieu sait si la chose est fréquente — il faut ruser : la trame de l'histoire doit être « élaborée », suffisamment déformée, cryptée, pour que nos exigences

112

morales y perdent leur latin — mais assez claire, bien sûr, pour que nos désirs y trouvent aussi leur compte. Objet paradoxal, l'intrigue rêvée déjoue la vigilance du surmoi pour s'adresser d'autant plus tranquillement à la libido. C'est à cela que tient l'obscurité bizarre de nos songes.

Que cette théorie soit « vraie » ou non importe peu ici. Elle offre un modèle qui nous permet de saisir l'équivocité animale et, avec elle, la complexité des sentiments de sadisme ou de compassion qu'elle suscite : affirmant qu'il n'est que chose, simple mécanique, nous déjouons les interdits qui pèseraient sur d'éventuelles pulsions sadiques. En opérant de la sorte, nous faisons plus que les légitimer : nous les supprimons comme telles, puisqu'il n'est point de sadisme envers les objets inanimés. Mais comme nous savons, plus ou moins secrètement, que l'animal, en vérité, n'est pas tout à fait chose, que par bonheur il souffre, les tortures que nous lui infligeons conservent leur intérêt.

Si nous nous élevons de la phénoménologie des sentiments à la philosophie, n'est-ce pas l'humanisme lui-même qu'il convient d'incriminer ? N'est-on pas en droit d'y déchiffrer une formidable entreprise idéologique visant à légitimer, sur le mode d'une « rationalisation », la colonisation de la nature « brute », et au-delà, du vivant sous toutes ses formes « préhumaines » ? N'est-ce pas au nom de l'humanisme que la compassion envers les animaux doit coûte que coûte être tournée en dérision et qualifiée de « sensiblerie » infantile ? La question ne saurait être écartée a priori. Elle mérite d'être examinée de près.

L'humanisme zoophobe ?

L'hypothèse d'une complicité secrète entre l'humanisme, forcément anthropocentriste, et l'exploitation de la nature ne brille sans doute pas par son originalité. Elle est même, au sein de la pensée contemporaine, un des lieux communs les plus sûrs des critiques de la modernité. On peut en trouver des versions néo-marxiennes, comme c'est le cas dans la *Dialectique des lumières* d'Adorno et Horkheimer, ou, plus aisément encore, néo-heideggériennes. C'est cette seconde voie que choisit Elisabeth de Fontenay dans un article, au sens propre, exemplaire, intitulé *La bête est sans raison* [2]. Elle y développe trois thèses, que l'on présentera en allant du général au particulier :

1) L'essence de la modernité, depuis Descartes, n'est rien d'autre que la *Ratio*, qu'on peut définir (version marxienne) comme « raison instrumentale » du capitalisme visant la seule rentabilité économique, ou (version heideggérienne) comme « monde de la technique » vouant l'activité des hommes à la domination de la terre. Cette vocation, qui apparaît avec le cartésianisme, s'accomplit dans l'idéologie des Lumières et sa croyance au progrès. Il y aurait ainsi « une irrévocable complicité ontologique entre la subjectivité fondatrice et le mécanisme », puisque, face au sujet institué en seul et

---

2. *Alliage*, « L'ANIMAL, L'HOMME », n° 7/8, Printemps/Eté 1991.

unique pôle de sens et de valeur, la nature ne saurait plus être autrement conçue que comme un gigantesque réservoir d'objets neutres, de matériaux bruts destinés à la consommation des hommes.

2) Dans cette perspective, où la rationalité devient la norme *absolue* de toute évaluation, ce qui est sans raison ne peut être qu'absolument dévalorisé. Foucault avait déjà appliqué une semblable grille de lecture à l'histoire de la folie, définie comme « déraison ». Elisabeth de Fontenay choisit un autre objet, l'animal : « Parce que l'essence même de cette *Aufklärung,* que nous traduisons par *Ratio,* est la technique, la théorie cartésienne des animaux-machines, dans sa paradoxale évidence, s'impose comme la pièce maîtresse de la science classique. » On pourrait, sur le même mode, « déconstruire » la représentation moderne du « sauvage », de la femme, que les idéologies machistes réputent volontiers plus « intuitives » que « rationnelles », des « marginaux », etc. Mais tenons-nous-en aux bêtes...

3) C'est dès lors à un véritable déferlement de violence anti-animale que la technoscience peut se livrer sans honte ni réserve. A preuve le lien étroit qui unit la démarche expérimentale et cette forme extrême de torture légitime qu'est la vivisection :

> « La grande affaire des temps nouveaux, c'est donc de forcer la vie à avouer son secret. " Qui dit vivisection, écrit Georges Canguilhem, dit exigence du maintien de la vie le plus longtemps possible. " N'est-ce pas la définition même de la torture ? Terrorisme de la théorie, violence de la vision, œil

armé, main sans défaillance, collaboration implaca-
ble du scalpel et du microscope : la curiosité exter-
mine en prenant son temps, en prenant son plaisir,
forte de se savoir au service de la vérité, ivre de
consulter tant de seins palpitants. Les lumières ont
peut-être accompli plutôt qu'aboli l'héritage chré-
tien en s'abandonnant à cette impassible manipula-
tion de l'animal. »

Foucault disait que « la raison est une torture
dont le sujet est l'agent ». Elisabeth de Fontenay
parle dans le même sens du « despotisme rationnel »
exclusif de toute compassion, de ce « travail de la
Ratio sous la surveillance du *Cogito* » pour qui « la
nature n'est plus que le substrat de la domination ».

Il est dommage que l'analyse, trop « appliquée »,
trop unilatérale, sous-estime de manière si évidente
la complexité de l'univers moderne. Il est, je l'ai
signalé, toute une tradition de républicanisme
« humanitaire » qui, de Michelet à Hugo, se révolte
au nom des Lumières, justement, contre la cruauté
des hommes. D'un simple point de vue empirique, ce
sont le plus souvent les scientifiques qui, ès qualités,
s'intéressent au sort de la nature, veulent limiter la
vivisection ou militent dans les rangs des écologistes.
Identifier la science contemporaine au cartésianisme
relève, je le crains, d'une méconnaissance dont les
philosophes heideggériens sont les derniers à n'avoir
pas fait leur deuil. On voudrait nous faire croire à
tout prix qu'il faut « déconstruire » l'humanisme
pour répondre enfin aux menaces d'un anthropocentrisme métaphysique. Nous n'aurions, pour ainsi
dire, que le choix entre Descartes d'un côté, Heideg-

ger, Derrida ou Foucault de l'autre. La stratégie est trop massive, les fils en sont trop visibles pour convaincre aujourd'hui encore. Il faut aller plus loin, ne pas céder de façon aussi empressée à des alternatives qui font violence à la diversité de cet héritage des Lumières, difficilement assimilable aux seules forces de la raison instrumentale ou technique. Pas plus que les droits de l'homme ne sont la « superstructure » de la bourgeoisie, l'humanisme ne peut être réduit aux dimensions d'une « métaphysique de la subjectivité » instituée par Descartes.

Raison de plus pour rester vigilant et déjouer les pièges qu'il se tend à lui-même lorsqu'il prétend légitimer, au nom de la séparation entre humanité et animalité, la domination impérieuse du règne animal. En voici un exemple qui, lui aussi, mérite réflexion.

L'humanisme au secours de la corrida ?

Dans un article intitulé *L'esprit de la corrida*[3], Alain Renaut, qui est ce que l'on nomme, je crois, un *aficionado*, s'est essayé à donner de certains jeux taurins une justification esthétique, sinon éthique, qui permette d'en défendre l'existence contre les rituels assauts dont ils font l'objet de la part des zoophiles. Son texte possède le mérite d'éviter d'emblée le piège des argumentations traditiona-

---

3. *La Règle du jeu*, n° 6, printemps 1992.

listes. Vouloir légitimer une institution par le simple fait « qu'elle existe depuis longtemps » est une entreprise insensée : à ce compte, on pourrait exiger la préservation de l'esclavage ou du droit de cuissage dans les contrées où ces pratiques subsistent « de façon ininterrompue » depuis des siècles, pour reprendre les termes de la loi sur la tauromachie. C'est l'évidence, et pourtant, ne l'oublions pas, c'est au nom de cette parodie d'argumentation, contraire à tous nos principes républicains, que la législation française fait, aujourd'hui encore, exception pour la corrida aux mesures protégeant les animaux contre la cruauté publique. Le plaidoyer entrepris par Renaut est donc d'une tout autre nature.

Retraçant l'histoire de la corrida madrilène, examinant une à une, pour les écarter finalement, les interprétations sociologiques et psychanalytiques de ses significations latentes ou inconscientes, il en vient à conclure que seule une approche philosophique permet d'en saisir *l'esprit* véritable. Soucieux de *comprendre* plutôt que d'*expliquer*, Renaut s'appuie, pour esquisser sa propre lecture, sur les propos des *matadores*, tels ceux de Paquirri, cette « gloire », paraît-il, des années 70, qui devait mourir en 1984 victime d'un petit *toro* noir nommé Avispado :

> « Ce qui me plaît vraiment, c'est d'éduquer les bêtes. Elles ne savent qu'attaquer. Parfois lentement, parfois rudement. Elles sont comme des gosses qui se rendent à l'école pour la première fois. Il faut tout leur apprendre, depuis le b, a, ba, jusqu'à l'alphabet complet, découvrir leur possibilité... »

On aimerait dire qu'on ne lui confierait pas ses enfants, mais il faut, comme chacun sait, résister à la facilité. Suivons donc plutôt celui qui nous sert ici de guide pour comprendre cet étrange aveu. Voici ce qu'en retire Alain Renaut :

> « Moins choquante que naïvement maladroite dans le choix des images, la confidence de Paquirri laisse pourtant apparaître en toute clarté quel était le sens du combat pour un *matador* dont toute la conception de son métier exprimait la volonté d'affirmer la supériorité de la raison : parce que le *toro* représente la force brute, parce qu'il incarne tout ce qui n'est pas humain, la corrida symbolise le combat de l'homme avec la nature — une nature qui, présente en lui ou hors de lui, menace sans cesse de reprendre en elle un être qui, en opposant la raison et le calcul à la violence et à l'agressivité, tente de s'en arracher. »

Comme chez Rousseau ou Kant, l'homme serait défini par « l'arrachement » à une naturalité dont la bête resterait tout entière prisonnière — et c'est à la mise en scène de cette différence fondatrice de l'humanisme moderne que l'on assisterait dans la corrida. De là, selon Renaut, son caractère esthétique : elle serait l'une des illustrations sensibles, visibles, de l'idée humanistique par excellence, comme il l'indique dans un passage qui concentre le cœur de son propos. Voici, selon lui, ce qui s'accomplit dans l'arène :

« En vingt minutes à peine, une force sauvage y est soumise à la volonté de l'homme, qui parvient à en ralentir, puis à en canaliser, à en diriger les assauts. Soumission de la nature brute (c'est-à-dire de la violence), au libre arbitre humain, victoire de la liberté sur la nature qui suscite chez les spectateurs une émotion esthétique : non que le but de la tauromachie soit, par la réussite de passes élégantes, de produire de la beauté, mais en ceci que savoir toréer, c'est commander la course du toro, la déclencher de la voix ou du geste, en dévier la trajectoire d'un simple mouvement du poignet, en imposant le plus possible à l'animal le choix du terrain où, passe après passe, le torero le soumettra à son contrôle : là réside véritablement la dimension esthétique de la tauromachie, ce par quoi il n'est pas absurde d'y voir un art, si tant est que la création artistique a quelque lien avec la soumission de la matière aveugle à une volonté qui lui donne forme. »

L'interprétation est séduisante : elle offre le mérite de fournir une lecture plausible des aspects culturels d'un jeu qui, il est vrai, n'attire pas que des foules sadiques assoiffées de sang. Pourtant, je ne peux partager l'idée que l'amour de la corrida puisse s'accorder avec un engagement philosophique en faveur de l'humanisme. Il ne s'agit pas d'une simple question empirique et personnelle. Il est vrai que la corrida m'intéresse très peu et que j'ai quelque peine à comprendre le plaisir qu'on y prend. Mais, en raison même de cette indifférence, elle ne suscite pas non plus chez moi l'hostilité du militant. La question est ailleurs : elle porte sur la nature de l'humanisme dont Renaut voit ou croit voir l'illustration dans la

120

corrida. Je voudrais montrer dans ce qui suit qu'elle reste encore cartésienne (non « criticiste ») alors que l'objet auquel elle s'applique (le vivant) est « non cartésien » (comme on dit : « non euclidien »).

L'enjeu de ce débat n'est pas négligeable d'un strict point de vue philosophique : il s'agit de savoir si une position qui se veut l'expression d'un « humanisme théorique » implique qu'on voue la nature, en l'occurrence le vivant, au seul statut d'objet à dominer ou à « civiliser ». Si tel était le cas, j'avoue que l'humanisme « non métaphysique » dont nous avons, depuis quinze ans déjà, tenté d'élaborer les principes à travers chacun de nos livres, n'aurait guère de sens à mes yeux. Guère de sens, parce qu'il n'y aurait dès lors plus de différence significative entre le projet cartésien de se rendre « comme maîtres et possesseurs de la nature » et la visée criticiste d'un humanisme soucieux de respecter la *diversité des ordres du réel*. Guère de sens aussi, parce que les déconstructions heideggériennes de la modernité que nous n'avons cessé de dénoncer comme unilatérales se trouveraient enfin justifiées : elles pourraient à bon droit montrer comment, de façon très cartésienne, l'humanisme conduit *sous toutes ses formes* à justifier ce qu'il faudrait bien se résoudre à nommer une « colonisation de la nature ».

Chacun sait ou finira par savoir que l'écologie, ou du moins l'écologisme, possède des racines douteuses et que les relents pétainistes du terroir n'y sont pas toujours absents. Faut-il pour autant que l'amour des hommes implique la haine de la nature ? Faut-il céder, parce que « les écologistes seraient des fascistes », au plaisir polémique de faire dépendre ostensiblement la preuve de son humanité du degré de mépris qu'on témoigne envers les plantes et les bêtes ? Je ne le crois pas, même si je sais déjà, les face-à-face idéologiques étant ce qu'ils sont, que le débat sur l'écologie prendra encore dans les années qui viennent cette forme caricaturale. Rien ne nous interdit pourtant d'anticiper le mouvement.

Revenons à la corrida. En quoi l'interprétation de Renaut met-elle en jeu un humanisme encore *cartésien ?*

Partons de l'essentiel — c'est-à-dire de ce sans quoi toute l'affaire n'aurait aucun sens : il faut que le combat ait lieu contre un être *vivant,* et non une simple machine. Que le taureau incarne, comme le veut Renaut, une force brute, « civilisée » par le torero n'est pas ici en cause (encore que l'idée de « civilisation » ainsi convoquée soit plutôt problématique). Mais il faut à l'évidence que cette puissance ne soit ni mécanique, ni tout à fait naturelle : point de combat possible contre une locomotive (machine conduite et construite par les hommes), pas davantage contre les vagues de l'océan (simple événement matériel). Le torero n'est pas Don Quichotte : il doit maîtriser une force vivante, c'est-à-dire *mobile, finalisée et, pour une part au moins, si infime soit-elle, imprévisible.* Telle est la condition sans laquelle il ne pourrait *jamais* y avoir de victoire de la bête sur l'homme, le jeu perdant ainsi toute espèce d'intérêt.

Il faut donc que la liberté humaine l'emporte, non sur une force brute en général, mais sur un *vivant.* Je prétends que, dans ces conditions, la satisfaction esthétique prise au spectacle de la corrida ne peut tenir à ce que cette dernière illustrerait ou « présenterait » une idée non métaphysique de l'humanisme. Il est clair, en effet, que ce type de domination du vivant, parfaitement satisfaisante dans une perspective cartésienne, est inacceptable dans la perspective kantienne élargie dont se réclame par ailleurs Renaut. Nullement par « sensiblerie », comme disent d'ordinaire les imbéciles, mais parce que, pour des raisons philosophiques anticartésiennes sur lesquelles il faudrait enfin s'interroger, *la réduction de l'animal à l'état de chose* (sa mise à mort) ne saurait faire l'objet d'un *jeu*. Elle peut à la rigueur être une nécessité, jamais un divertissement pour qui est attentif à la *diversité des ordres du réel*. Et qu'on ne vienne pas dire que la « mise à mort » (voire la souffrance de l'animal) soit inessentielle dans la corrida, car c'est, chacun le sait, sur ce point précis qu'il a fallu modifier, au terme de polémiques aussi anciennes que violentes, la législation qui, depuis le milieu du XIXe siècle, interdisait les combats de ou avec les animaux.

On connaît la position de Kant lui-même : les bêtes, certes, n'ont pas de droits (comme le voudraient les zoophiles), mais en revanche, nous avons certains devoirs — indirects — envers elles, ou à tout le moins « à leur propos » (« *in Ansehung von* », dit Kant). La façon dont cet « à propos » est justifié peut être jugée insuffisante. Pourquoi y aurait-il des devoirs « à propos » des animaux s'il n'y avait *en eux* quelque particularité *intrinsèquement* digne de respect ? Kant suggère toutefois une voie pour la réflexion lorsqu'il écrit ceci : « Parce que les animaux sont un *analogon* de l'humanité, nous observons des devoirs envers l'humanité lorsque nous les regardons comme analogues de cette dernière et par là nous satisfaisons à nos devoirs envers l'humanité. » Pourquoi ? Tout simplement parce que, à l'encontre de ce que pensaient Descartes et ses fabricants d'automates, le vivant n'est pas une chose, l'animal n'est ni une pierre, ni même une plante. Et alors, demandera-t-on peut-être ? Alors la vie, définie comme « faculté d'agir d'après la représentation d'une fin », est *analogon de la liberté*. *Comme telle* (c'est-à-dire sous ses formes les plus élevées) et parce qu'elle entretient un rapport d'analogie avec ce qui nous constitue comme humains, elle fait (ou devrait faire) l'objet d'un *certain* respect, celui qu'à travers les animaux nous nous témoignons *aussi* à nous-mêmes.

Nul hasard si Kant rejoint ici l'une des intuitions les plus profondes du judaïsme : l'homme est, certes, un être d'anti-nature, un être-pour-la-loi (voilà qui interdit du reste à la tradition criticiste comme à celle du judaïsme de se reconnaître dans l'« écologisme »). Il peut donc, *dans une certaine mesure*, disposer des plantes et des animaux — mais point à volonté *(nach Belieben)*, point en *jouant* à les tuer, fût-ce dans les règles de l'art et pour témoigner de son humanité. D'après le Pentateuque, l'abattage sera pratiqué non seulement sans cruauté, mais avec modération. Il y a là beaucoup de sagesse et de profondeur, *car cette position ne s'accompagne d'aucun des principes « naturalistes » et vitalistes qui justifient d'ordinaire les arguments zoophiles.* Aucune confusion possible, ici, entre l'animal et

124

l'homme au sein d'un grand tout cosmique. Aucune réduction non plus de la dignité des uns ou des autres à la simple logique calculante des plaisirs et des peines. Seulement, l'attention marquée à la spécificité équivoque de cet animal que la machinerie cartésienne, tout entière dévouée à la domination de la terre, rejette sans restriction du côté de la chose.

Ce désaccord amical m'inspire encore trois réflexions programmatiques.

La première est qu'apparemment, le statut *philosophique* du vivant reste à penser, embarrassés que nous sommes encore par la puissante antinomie du mécanisme (cartésien) et du vitalisme (romantique, puis nietzschéen). Rousseau, Kant, Fichte ont indiqué des voies. Nous l'avons vu, jamais ils n'ont réduit la bête à une simple mécanique. Au moment même où Rousseau décrit l'animal comme régi par le code de l'instinct, il lui accorde le privilège de l'affectivité et même de la pensée. Le « premier » Heidegger, qui fut plus proche de Kant qu'on n'a coutume de le croire, avait lui aussi, dans un cours du semestre de l'hiver 1929-1930, tenté d'élucider le sens de l'équivoque animale, à travers l'analyse de la proposition : « La pierre est sans monde, l'animal est pauvre en monde, l'homme est formateur de monde *(Weltbildend)*. » « Pauvre en monde », c'est « moins » que l'homme, sans doute, qui peut « exister », *transcender* les cycles naturels pour s'élever jusqu'à la hauteur de questions qui ne portent plus seulement sur les *étants* intramondains, mais sur l'être du monde lui-même. C'est cependant « plus » que la pierre, qui n'accède à aucune représentation

125

et n'est douée d'aucun mouvement finalisé. Au demeurant, Heidegger le souligne, les termes « plus » et « moins » sont ici trompeurs : ils suggèrent l'idée d'une continuité entre les ordres du réel, alors qu'ils sont qualitativement différents. Ce qui n'interdit pas les *analogies* qui peuvent les relier entre eux, en particulier lorsqu'il s'agit des deux derniers : n'oublions pas que tout a été fait contre/ sur les animaux, *exactement comme tout a été fait contre/sur les humains.* La formule rituelle s'impose ici : ce n'est pas un hasard...

Face au reproche adressé à la tradition de l'humanisme, qui ne serait qu'anthropocentrisme, « métaphysique de la subjectivité » dont la vérité serait la dévastation de la terre et la torture des animaux au sein d'un « monde de la technique », il est temps de montrer qu'un humanisme non cartésien échappe à l'alternative absurde dans laquelle l'écologisme voudrait nous enfermer : le « pas en arrière » ou la barbarie. Et puisque l'on demande parfois au philosophe qu'il tire des conséquences concrètes des distinctions qu'il établit, en voici une qui indique bien la ligne de démarcation avec le cartésianisme : pourquoi ne pas s'inspirer de ce qui a lieu au Canada, où des « comités d'éthique animale » sont chargés, dans les hôpitaux universitaires, de contrôler, et le cas échéant de modifier, le protocole des expérimentations mettant en jeu la souffrance des animaux ? De quel droit, après tout, devrions-nous accepter passivement, comme allant de soi, que des scientifiques irresponsables puissent, dans le secret de leur laboratoire, se permettre en toute impunité les expériences les plus invraisemblables ? Je ne prétends pas que ce soit le cas général — encore qu'on ne compte pas les expériences dans lesquelles une très grande souffrance est infligée sans la moindre utilité à des milliers, voire à des millions d'animaux chaque année. Pourtant, il y a sans doute, chez la plupart des scientifiques, des règles de déontologie déjà en vigueur. Mais je ne vois pas ce que pourrait avoir de choquant le fait de s'assurer que ces règles sont observées dans la pratique et que n'importe quoi n'est pas possible, non seulement « à propos » des animaux, mais bel et bien envers eux.

Il m'a été donné d'examiner de près le compte rendu des séances du comité d'éthique animale de l'université de Québec : je dois avouer qu'après plusieurs centaines de pages de lecture, je n'y ai vu que des remarques intelligentes et des conseils utiles. Et tout bien pesé, c'est-à-dire une fois passées et dépassées les réactions premières, je suis convaincu qu'il n'y a rien de ridicule dans le fait de prescrire tel type d'analgésique ou telle manière, moins douloureuse, de tuer l'animal qui doit être disséqué — plutôt que de considérer qu'il n'y a là aucune matière à réflexion et que tout est permis.

On objectera que le respect des animaux est « projectif » au sens que les psychanalystes donnent à ce terme — ce pour quoi il serait le propre de l'enfance. En un sens, ce n'est point faux. Encore faudrait-il percevoir que si l'homme ne peut pas ne pas se reconnaître, si peu que ce soit, dans l'*équivocité de l'animal,* ce n'est pas seulement par l'effet d'une projection psychologique, mais bien *philosophique,* parce que l'*analogon* de la liberté ne peut

127

jamais laisser tout à fait indifférent celui que le XVIIIe siècle eût nommé un « homme de goût ». Freud disait de ce dernier qu'il doit renoncer, fût-ce à regret, au plaisir des jeux de mots. J'ajouterai aussi aux corridas, et autres jeux du même ordre. Entre le « laisser-être », la *Gelassenheit* heideggérienne et l'action « civilisatrice » impérieuse des cartésiens, il nous faut un concept synthétique. Et si le respect circonscrit que nous devons aux animaux, loin d'être inscrit dans la nature, loin d'être obéré par la civilisation, était en ce sens affaire de *politesse* et de *civilité ?*

DEUXIÈME PARTIE

Les ombres de la Terre

I

« PENSER COMME UNE MONTAGNE »
LE GRAND DESSEIN
DE L' « ÉCOLOGIE PROFONDE »

« Penser comme une montagne » : le programme s'annonce délicat pour certains d'entre nous. Quoi qu'il en soit, c'est bien en ces termes qu'Aldo Leopold, celui que beaucoup considèrent comme le père de l'« écologie profonde », nous invite à renverser les paradigmes qui dominent les sociétés occidentales. Mille fois citée dans la littérature américaine, la préface de son essai sur *L'éthique de la terre*[1] développe le thème majeur de cette étrange révolution :

« Lorsque le divin Ulysse rentra des guerres de Troie, il fit pendre à une même corde une douzaine d'esclaves femmes appartenant à sa maisonnée parce qu'il les soupçonnait d'inconduite pendant son absence. La question de la pertinence de cette pendaison ne se posait pas. Ces jeunes filles étaient

_____

1. Mort en 1948, Aldo Leopold reste une des figures les plus marquantes de l'écologie américaine. Son livre majeur, *A Sand County Almanac* (un recueil d'essais publié en 1949 et qui contient le plus célèbre d'entre eux, *A Land ethic*) a exercé une influence qu'on ne saurait surestimer sur le mouvement de l'écologie profonde.

131

sa propriété et la libre disposition d'une propriété était alors, comme aujourd'hui, une question de convenance personnelle, pas de bien et de mal. Et pourtant, les concepts de bien et de mal ne faisaient pas défaut dans la Grèce de l'Odyssée... Aujourd'hui encore, il n'y a pas d'éthique traitant de la terre ainsi que des animaux et des plantes qui croissent sur elle. La terre, exactement comme les jeunes esclaves de l'Odyssée, est toujours considérée comme une propriété. La relation à la terre est encore strictement économique : elle comprend des privilèges, mais aucune obligation. »

La conclusion s'impose : après avoir su rejeter l'institution de l'esclavage, il nous faut faire un pas supplémentaire, prendre enfin la nature au sérieux et la considérer comme douée d'une valeur *intrinsèque* qui force le respect. Cette conversion — la métaphore religieuse n'est pas ici déplacée — suppose une véritable déconstruction du « chauvinisme humain » où s'enracine le préjugé anthropocentriste par excellence : celui qui nous conduit à tenir l'univers pour le théâtre de nos actions, simple périphérie d'un centre instauré en unique sujet de valeur et de droit.

De là le débat qui divise l'écologie américaine et qui tend aujourd'hui, via l'Allemagne en particulier, à s'introduire en Europe : s'agit-il seulement de veiller à *nos* lieux de vie parce que leur détérioration risquerait de *nous* atteindre, ou au contraire, de protéger la nature comme telle, parce que nous découvrons qu'elle n'est pas un simple matériau brut, malléable et corvéable à merci, mais un système harmonieux et fragile, en lui-même plus important et plus admirable que cette partie, somme toute infime, qu'en constitue la vie humaine ? Que ces deux options puissent parfois se rejoindre dans la pratique, pour combattre telle ou telle nuisance industrielle, c'est l'évidence. Mais sur le fond, quant aux principes philosophiques et politiques qu'elles mettent en œuvre, elles s'opposent de façon diamétrale : la première peut conserver sans dommage l'héritage de l'humanisme moderne (c'est en vertu des fins de l'homme qu'il s'agit de respecter la terre), tandis que la seconde implique sa remise en question la plus radicale. L'humanisme ne serait pas le remède à la crise du monde industriel moderne, mais, véritable péché originel, il en constituerait plutôt la cause première et maléfique. De là le caractère irréductible d'un conflit que Bill Devall, l'un des principaux théoriciens de ce nouveau fondamentalisme, présente en ces termes :

« Il y a deux grands courants écologistes dans la deuxième moitié du XXe siècle. Le premier est réformiste. Il essaie de contrôler les pollutions de l'eau ou de l'air les plus criantes, d'infléchir les pratiques agricoles les plus aberrantes dans les nations industrialisées et de préserver quelques-unes des zones sauvages qui y subsistent encore en en faisant des " zones classées ". L'autre courant défend lui aussi de nombreux objectifs en commun avec les réformistes, mais il est révolutionnaire : il vise une métaphysique, une épistémologie, une cosmologie nouvelles ainsi qu'une nouvelle éthique environnementale du rapport personne/planète. »

Le nouvel ordre écologique

C'est cette vision du monde encore inédite que Bill Devall, après le philosophe norvégien Arne Naess, qui le premier en présenta le « type idéal [2] », propose de nommer *deep ecology*, écologie « profonde ». On s'imaginerait à tort être ici en présence d'une simple curiosité, d'un symptôme exotique de cette folie qui

---

2. Cf. Arne Naess, « The shallow and the deep, long-range ecology movement. A summary », *Inquiry*, vol. 16, 1973. Voir aussi, du même auteur, « The deep ecological movement : some philosophical aspects », *Philosophical inquiry*, vol. VIII, 1986. La littérature consacrée à ce mouvement est considérable, mais aussi, il faut l'avouer, très répétitive. Pour un premier repérage, je suggère au lecteur soucieux de s'informer par lui-même les articles suivants, qui m'ont paru figurer parmi les plus significatifs : George Sessions, « The deep ecology movement : a review », *Environmental review*, n° 9, 1987 — comme son titre l'indique, il passe en revue les principales idées et les livres majeurs qui ont scandé l'histoire de l'écologie profonde ; Richard et Val Routley (qui n'est autre que Val Plumwood, la théoricienne de l'écoféminisme) : « Against the inevitability of human chauvinism », in K. E. Goodpaster et K. Sayre, « Ethics and the problems of the 21st century », University of Notre-Dame Press, Notre-Dame, 1979 ; J. Baird Callicott, « Non-anthropocentric value theory and environmental ethics », *American Philosophical Quarterly*, vol. 21, octobre 1984 ; Michael E. Zimmerman, « Toward a Heideggerian ethos for radical environmentalism », *Environmental ethics*, vol. 5, été 1983 ; Paul W. Taylor, « The ethics of respect for nature », *Environmental ethics*, vol. III, 1981 ; Roderick Nash, « The rights of nature. A History of Environmental Ethics », *The University of Wisconsin Press*, 1989. Pour une réflexion critique sur le mouvement, voir aussi Luc Béjin, « La nature comme sujet de droit ? Réflexions sur deux approches du problème. » *Dialogue*, XXX, 1991. J'ajoute qu'à bien des égards, l'écologie profonde rejoint des préoccupations qui furent aussi celles de ce qu'Illitch nommait l'écologie « radicale ».

semble parfois s'emparer des universités américaines lorsqu'elles cèdent à la mode du « déconstructionnisme » ou à l'impératif de la « *political correctness* [3] ». L'écologie profonde rencontre un véritable écho hors du milieu académique ainsi qu'à l'étranger : elle inspire, par exemple, l'idéologie de mouvements tels que *Greenpeace* ou *Earth first*, d'associations aussi puissantes que le Sierra Club, mais également d'une fraction importante des partis Verts ainsi que, dans une large mesure, les travaux de philosophes populaires comme Hans Jonas ou Michel Serres.

Il faut donc prendre la mesure d'une telle entreprise. Pour sembler étrange au premier abord (et même, peut-être, au second), elle n'en présente pas moins, au travers de ces facettes multiples, une cohérence systématique assez impressionnante pour

---

3. On a pris l'habitude de désigner par cette expression la moralisation du vocabulaire utilisé pour nommer des personnes ou des groupes considérés, à tort ou à raison, comme traités de façon indécente par l'idéologie dominante de la civilisation occidentale. C'est ainsi qu'on ne doit plus parler des « Noirs » mais des « Afro-Américains », que les « Indiens » deviennent les « Américains de souche » (« *Native-americans* »), qu'on ne doit plus dire « *Mankind* », mais « *Humankind* », « malade mental », mais « personne différemment pourvue en capacités psychiques », etc. En 1991, le gouvernement fédéral canadien faisait distribuer auprès de la presse et des institutions concernées une brochure indiquant les expressions « politiquement correctes » à employer désormais pour les différentes formes de maladies. C'est aussi dans ce contexte qu'invité à donner à Montréal une conférence sur la Déclaration des droits de l'homme, l'Université me pria, sous la pression des groupes féministes, de modifier l'intitulé de ma communication, devenue : « Sur la déclaration des droits humains de 1789 »...

135

séduire nombre de ceux que le vide politique et la fin des utopies laissent en suspens. J'ai déjà évoqué la façon dont Christopher Stone entendait, dans le procès intenté par le Sierra Club contre la compagnie Walt Disney, plaider en faveur d'un statut légal des arbres et des vallées. Il n'est sans doute pas inutile, étant donné l'étrangeté du projet, d'envisager encore, avant d'en tirer des principes plus généraux, deux exemples concrets de la façon dont les écologistes profonds entendent renouveler notre approche éthico-juridique de la nature après « la mort de l'homme » et la déconstruction de l'anthropocentrisme.

De nos devoirs envers les îles

Dans un essai qui porte ce titre, Mary Midgley, philosophe britannique auteur de nombreux ouvrages sur l'écologie et le droit des animaux, propose une nouvelle version de *Robinson Crusoé*, dont le journal, revu et corrigé, nous rapporterait les faits suivants :

> « 19 septembre 1685. Je me propose aujourd'hui de détruire mon île. Ma chaloupe est sur la rive et tout est prêt pour mon départ. Les amis de Vendredi m'attendent aussi et le vent frais souffle de mon petit port vers le large. J'ai eu envie de voir comment tout cela brûlerait. En jetant astucieusement des étincelles et de la poudre à travers de petits bosquets secs bien choisis, j'aurais tôt fait de tout

enflammer et, dès l'aube qui vient, il n'y aura plus un brin d'herbe à travers les ruines... »

Voici maintenant le commentaire de Midgley :

> « Travaillez le style tant que vous voudrez, vous ne réussirez pas à rendre ce paragraphe convaincant. Bien que n'étant pas le plus scrupuleux des hommes, Crusoé aurait ressenti une violente objection à cette destruction insensée. Et nous aurions éprouvé la même chose. *Pourtant le langage de notre tradition morale depuis la Renaissance a eu tendance à rendre inexprimable cette objection.* »

Le sens de l'argumentation est double : d'une part, il s'agit de *montrer* qu'il existe des devoirs incontestables envers des êtres non humains. Je souligne le mot « montrer » puisque nous n'avons pas affaire à un véritable raisonnement, mais plutôt à l'invocation de ce que, selon Midgley, tout être humain de bonne foi doit rencontrer dans sa conscience à l'évocation du délire de Robinson. Or ce sentiment d'horreur — telle est la seconde étape — ne trouve plus aujourd'hui les mots pour s'exprimer, la tradition morale de l'humanisme ayant, depuis la Renaissance, conçu nos devoirs éthiques sur le modèle *contractualiste* de l'engagement envers d'autres individus, considérés comme égaux à nous : « Le modèle qui a semé la zizanie dans ce domaine est évidemment celui du contrat social et, pour s'y conformer, le sens d'un groupe entier de termes moraux essentiels — droit, devoir, justice, etc. a été progressivement restreint », *le champ de validité de ces concepts ayant été limité aux seuls êtres humains.* Or, l'anecdote de Robinson dévoile de façon manifeste, telle est du moins la thèse défendue, l'existence de devoirs envers d'autres entités que les hommes. Et les îles ne sont bien sûr pas les seules à en bénéficier. Il existe encore, selon Midgley, des obligations morales envers « la mort, la postérité, les enfants, les aliénés, les fœtus humains et autres, les animaux sensibles et non sensibles, les plantes, les objets inanimés fabriqués ou naturels, les systèmes (famille, espèce, pays, biosphère), soi-même et Dieu » !

C'est dire, en effet, si la morale humanistique a réduit de façon drastique la notion de devoir ! Mais c'est suggérer aussi combien l'écologie profonde, avec un concept d'obligation aussi large, pourrait devenir une puissance moralisatrice de première grandeur pour peu qu'une dose, même relativement faible, de contrôle social, lui assure un réel pouvoir sur les individus ! C'est le cas aujourd'hui aux Etats-Unis et en Allemagne. Nul ne peut dire ce qu'il en sera demain pour le reste de l'Europe.

D'un point de vue philosophique, c'est bien toute la tradition de l'humanisme héritée des doctrines du contrat social et des droits de l'homme qu'il s'agit de déconstruire si l'on veut faire apparaître le statut juridique des îles et des forêts. Comme y insiste Midgley, « nous avons plusieurs types de devoirs envers les animaux, les plantes et la biosphère. Mais on ne peut affirmer cela qu'après s'être libéré une fois pour toutes de l'utilisation contractualiste restrictive du terme, sans quoi des doutes injustifiés ne cesseront de surgir ». En ce sens, la question de la reconnaissance éthique des êtres inanimés tend à devenir le critère du succès ou de l'insuccès d'une telle déconstruction de la modernité, comme le suggère Roberick Nash, un autre théoricien du mouvement :

> « Les rochers ont-ils des droits ? Si vient un jour l'époque où cette question n'apparaîtra plus comme ridicule pour un grand nombre d'entre nous, nous serons alors sur la voie d'un changement de système de valeurs qui rendra peut-être possibles des mesures permettant d'en finir avec la crise écologique. Souhaitons qu'il soit encore temps[4]. »

Le pessimisme de Nash est injustifié : la problématique du droit des choses est loin d'être restée lettre morte ou simple fiction philosophique. C'est là ce dont témoigne encore la vigueur des débats juridiques qui portent sur la question des « crimes contre l'écosphère ».

Des crimes contre l'écosphère

En 1985, la très officielle *Commission de réforme des lois*, fondée au Canada en 1971 en vue de moderniser la législation fédérale, publie un rapport intitulé : *Des crimes contre l'environnement*[5]. Parmi les nombreuses propositions destinées à être discutées au Parlement, l'une recommande d'ajouter au

---

4. Cf. « Do rocks have rights ? » *Center magazine*, 10, 1977.
5. *Working paper*, n° 44, 1985.

code criminel un délit nouveau et spécifique concernant les actes qui « portent sérieusement atteinte à une valeur fondamentale de notre société, à savoir le droit à un environnement sain, ou encore à un niveau raisonnable de qualité de cet environnement ».

Pourtant, les membres de la Commission, fidèles à l'essence du droit anglo-saxon, qui vise toujours la protection d'intérêts identifiables, avouent ne pouvoir considérer la nature elle-même comme un sujet de droit : « Le champ d'un code criminel portant sur les délits contre l'environnement ne doit pas s'étendre jusqu'à protéger ce dernier en tant que tel (*for its own sake*, dit l'anglais), indépendamment de valeurs, de droits et d'intérêts humains. » Bien que décidée à faire avancer les thèses écologistes, la Commission choisit le camp de l'environnementalisme contre l'écologie profonde. Elle s'en tient au cadre de l'humanisme classique, donc de l'anthropocentrisme tant dénoncé par les radicaux : « Le présent code criminel interdit en fait les délits contre les personnes et la propriété. Il n'interdit pas de façon explicite ou directe les délits contre l'environnement naturel lui-même. »

Malgré ces distances prises à l'égard des thèses fondamentalistes, deux éléments restent significatifs des progrès de ces dernières dans l'opinion « éclairée » : d'abord, le titre du rapport lui-même, fort ambigu, puisqu'il semble concéder l'idée qu'il puisse exister des crimes contre la nature — et non seulement contre les hommes. Par ailleurs, il est clair que l'idée d'un droit des objets est suffisamment présente dans l'air du temps pour que des juristes appelés à émettre des propositions susceptibles de venir devant le Parlement éprouvent le besoin de la discuter de façon explicite. Malgré ses réserves, la Commission admettra, au terme d'une longue argumentation, que des pollutions graves puissent être considérées comme d'authentiques crimes, au sens juridique du mot.

La réaction des milieux de l'écologie profonde n'en fut pas moins très vive, comme en témoignent les débats qui suivirent, reflétés, entre autres, dans un article de Stan Rowe, intitulé *Crimes against the ecosphere* [6]. Ses conclusions valent d'être rapportées ici tant elles sont exemplaires des positions antiréformistes :

> « Le rapport intitulé " Crimes contre l'environnement " accepte le parti pris anthropocentriste (homocentrique) traditionnel selon lequel l'environnement n'est rien d'autre que ce que suggère son étymologie : le simple contexte qui entoure les choses de plus grande valeur — à savoir les gens. En ce sens vulgaire, l'environnement n'est que périphérique et son concept est intrinsèquement péjoratif. Il est donc logique, dans ces conditions, que la défense de l'environnement ne soit conçue qu'en termes d'utilité pour les hommes. Il n'est qu'une « valeur sociale et un droit », non une chose possédant une valeur intrinsèque. Mon argumentation consiste à montrer que seule l'alternative inverse — à savoir la reconnaissance de la valeur intrinsèque de l'environnement et, par suite, de ses droits propres —

---

6. Publié *in* R. Bradley et S. Duguid, *Environmental Ethics*, vol. II, Simon Fraser University, 1989.

fournit une base incontestable pour le protéger contre les crimes de dégradation et de déprédation. »

La suite du texte développe deux idées, elles aussi parfaitement représentatives des principes radicaux : le caractère sacré de la vie universelle, de la « biosphère », et les conséquences désastreuses de la *Déclaration des droits de l'homme et du citoyen*, comme de l'humanisme qui s'y associe. Quant au premier point, Rowe précise avec le plus grand soin que ce n'est pas de la vie humaine qu'il s'agit au premier chef, mais de l'écosphère tout entière. Etrange hiérarchie, qui résulte pourtant du principe dit de « l'égalitarisme biosphérique » selon lequel il convient de protéger le tout avant les parties. Le *holisme*, c'est-à-dire la thèse philosophique selon laquelle la totalité est supérieure moralement aux individus, est donc assumé de façon tout à fait explicite comme un thème positif de l'écologie profonde. Contre l'individualisme propre à la modernité occidentale, le terme lui-même doit être revalorisé, voire réhabilité puisque « le système écologique, l'écosphère, est la réalité dont les hommes ne sont qu'une partie. Ils sont nichés en elle et totalement dépendants d'elle. Telle est la source de la valeur *intrinsèque* de l'environnement ». Rien d'étonnant, dès lors, si la critique se prolonge dans une vigoureuse dénonciation des idéaux de la Révolution française :

« La *Déclaration* française des droits de l'homme et du citoyen a défini la liberté comme le fait de

142

n'être en aucun cas restreint dans son droit à faire n'importe quoi (sans doute au monde naturel) du moment que cela n'interfère pas avec les droits d'autrui. Dans le sillage de ce sentiment populaire (...) George Grant a défini le libéralisme comme l'ensemble des croyances procédant du postulat central d'après lequel l'essence de l'homme serait sa liberté et que par suite, son affaire principale dans la vie serait *de façonner le monde conformément à sa volonté.* On tient là le principe normatif qui est à l'origine de la destruction massive de l'environnement qui a lieu partout où la culture occidentale fait sentir son influence — destruction que seule la reconnaissance des droits et de la valeur intrinsèques de la nature peut contrecarrer. »

Contre la Commission fédérale, Stowe propose donc de « reconnaître la suprématie des valeurs de l'écosphère » sur celles de l'humanisme et d'élaborer, par analogie avec le concept de « crime contre l'humanité », la notion de « crimes contre l'écosphère », parmi lesquelles on comptera au premier chef « la fécondité et la croissance économique exploiteuse, toutes deux encouragées par une philosophie homocentrique ». Je passe ici sur le contenu de la thèse (mais il faudra bien un jour que les écologistes radicaux comprennent comment et pourquoi le taux de fécondité est plus bas en Europe et aux Etats-Unis que dans le tiers monde, de même que le souci de l'environnement y est infiniment plus développé : l'univers moderne n'a donc pas que des aspects négatifs !). Ce qu'il faut retenir à tout le moins, c'est que l'écologie profonde fera désormais du *holisme* et de l'*antihumanisme* des slogans manifestes du combat contre la modernité (les termes eux-mêmes, considérés comme positifs, sont, je le répète, omniprésents dans cette littérature). Le point mérite d'être souligné. Il permet de comprendre pourquoi ce fondamentalisme en vient à être politiquement « inclassable » à force de mêler les thèmes traditionnels de l'extrême droite à ceux de l'extrême gauche. La raison en est assez aisément perceptible : comme je l'ai suggéré dans ce qui précède, la critique externe de la modernité ne peut s'opérer qu'au nom d'un ailleurs radical, situé en amont (nostalgie romantique néo-conservatrice) ou en aval (utopie progressiste de l'avenir radieux) du temps présent diabolisé.

De là l'équivocité d'une idéologie qui prête sans cesse à une double lecture. Arne Naess et George Sessions ont tenté d'en regrouper les principaux motifs dans un texte qu'il faut citer ici en son entier puisqu'il vaut comme l'un des manifestes les plus fiables du mouvement, exposant selon ses propres dires « les termes et les phrases clefs qui sont à la base de l'écologie profonde » :

« 1) Le bien-être et l'épanouissement de la vie humaine et non humaine sur la terre sont des valeurs en soi (synonymes : valeurs intrinsèques, valeurs inhérentes). Ces valeurs sont indépendantes de l'utilité du monde non humain pour les fins de l'homme.

2) La richesse et la diversité des formes de vie contribuent à la réalisation de ces valeurs et sont par conséquent aussi des valeurs en soi.

144

3) Les humains n'ont aucun droit à réduire cette richesse et cette diversité, si ce n'est pour satisfaire des besoins vitaux.

4) L'épanouissement de la vie et de la culture humaines est compatible avec une diminution substantielle de la population humaine. L'épanouissement de la vie non humaine requiert une telle diminution.

5) L'intervention humaine dans le monde non humain est actuellement excessive et la situation se dégrade rapidement.

6) Il faut donc changer nos orientations politiques de façon drastique sur le plan des structures économiques, technologiques et idéologiques. Le résultat de l'opération sera profondément différent de l'état actuel.

7) Le changement idéologique consiste principalement dans le fait de valoriser la qualité de la vie (d'habiter dans des situations de valeur intrinsèques) plutôt que de viser sans cesse un niveau de vie plus élevé. Il faudra qu'il y ait une prise de conscience profonde de la différence entre gros *(big)* et grand *(great)*.

8) Ceux qui souscrivent aux points qu'on vient d'énoncer ont une obligation directe ou indirecte à travailler à ces changements nécessaires[7]. »

La dernière remarque fait le lien entre les aspects théoriques du programme et sa volonté pratique de fonder un nouveau militantisme. Sans remettre en question l'autodéfinition de l'écologie profonde par deux de ses représentants, il me semble possible, en

---

7. Arne Naesse, *The deep ecological movement : some philosophical aspects*, p. 14.

prenant quelques distances, d'en proposer à mon tour un type idéal qui tienne compte d'autres apports et tente de la situer dans la logique d'une déconstruction de la modernité :

1. La critique de la « civilisation occidentale » : La révolution contre le réformisme

Ecartons encore un malentendu : certains écologistes profonds, au nombre desquels figurent Roderick Nash et, dans une certaine mesure, Stone lui-même, ont voulu inscrire la reconnaissance des droits de la nature dans la logique des sociétés démocratiques. Comme dans la tradition utilitariste que nous avons vue à l'œuvre sous la revendication du droit des animaux, il s'agirait de montrer qu'après l'émancipation des Noirs, des femmes, des enfants et des bêtes, serait venu le temps des arbres et des pierres. La relation non anthropocentrique à la nature trouverait ainsi sa place dans le mouvement général de libération permanente qui caractériserait l'histoire des Etats-Unis. Cette présentation des choses est, à l'évidence, fallacieuse (il s'agit bien sûr de conférer une respectabilité à l'écologie profonde en l'insérant dans la dynamique de la société américaine). Il est clair, en effet, que l'idée d'un droit intrinsèque des êtres de nature s'oppose de façon radicale à l'humanisme juridique qui domine l'univers libéral moderne. La plupart des écologistes profonds ne s'y sont d'ailleurs pas trompés, considérant leur propre projet comme appartenant à l'orbite de ce que les années 70 tenaient pour une « *contre-culture* » par rapport au modèle occidental dominant. Bill Devall le souligne de la façon la plus nette :

> « L'écologie profonde, à la différence de l'environnementalisme de type réformiste, n'est pas simplement un mouvement social pragmatique, orienté vers le court terme, avec pour but de stopper l'énergie nucléaire ou de purifier les cours d'eau. Son objectif premier est de remettre en question les modèles de pensée conventionnels dans l'Occident moderne et d'y proposer une alternative. »

Toute la question, bien sûr, est de préciser ce qui est visé dans cet « Occident moderne » et au nom de quels principes s'exerce la critique. Pour être donnée de façon impressionniste, par touches successives, la réponse n'en forme pas moins un tableau figuratif. Sont dénoncés, par ordre d'apparition dans l'histoire : la « tradition judéo-chrétienne », parce qu'elle place l'esprit et sa loi au-dessus de la nature, le dualisme platonicien, pour la même raison, la conception technicienne de la science qui s'impose en Europe à partir du XVIIe siècle chez Bacon et Descartes, car elle réduit l'univers à un stock d'objets pour les fins de l'homme, et le monde industriel moderne tout entier qui accorde à l'économie le primat sur toute autre considération. Ce n'est donc pas en réaménageant le système, comme le pensent naïvement les réformistes, qu'on pourra le changer. Il faut une authentique révolution, y compris sur le plan économique, ce qui implique que la critique du monde moderne s'alimente elle-même à des principes radicaux.

Les sources de l'écologie profonde seront donc, elles aussi, localisées dans une extériorité radicale à la civilisation occidentale. On y trouvera, dans le désordre, une référence appuyée aux valeurs méconnues de l'Orient que les jeunes Américains découvrent dans les années 50-60 au travers de livres « marginaux » comme ceux qu'Alan Watts ou Daisetz Suzuki consacrent alors au bouddhisme zen[8]. Dans le même style, avec la culpabilité en plus, la revalorisation des modes de vie traditionnels des Indiens d'Amérique fournira aussi des modèles « alternatifs » : les traditions religieuses et les mœurs des Amérindiens donnent l'exemple d'une vie en harmonie avec la nature originelle. Là encore, les années 60 offrent leur pléiade de hérauts, à commencer par Carlos de Castaneda, dont l'œuvre tout entière est censée montrer la supériorité de la « sagesse ancienne » sur la folie de la technique contemporaine. Mais ce sont aussi des penseurs tels que Marcuse, Ellul, et surtout Heidegger qui sont convoqués à la barre des témoins à charge contre l'Occident tandis que, du côté de la philosophie classique, Spinoza est réhabilité à titre posthume contre l'ignoble Descartes, père fondateur de l'anthropocentrisme moderne. L'auteur de *l'Ethique*

---

8. A. Watts, *The spirit of Zen : a way of life, work and art in the far east* (1955). D. Suzuki, *Essays in Zen Buddhism,* (1961).

n'a-t-il pas montré dans son panthéisme que la nature était divine, comme telle dotée d'une valeur intrinsèque, et que l'homme, loin d'en être comme maître et possesseur, n'en constituait qu'une infime partie ? C'est dans cette optique que Robinson Jeffers, philosophe californien, spinoziste radical qui inspira les travaux d'écologistes profonds tels que George Sessions [9], en appelle de manière explicite à l'édification d'une philosophie « *inhumaniste* » seule susceptible à ses yeux de renverser le paradigme dominant de l'anthropocentrisme pour accorder enfin à la nature les droits qu'elle mérite.

2. *L'antihumanisme ou la « préférence naturelle »*

C'est en effet « l'hostilité humaniste » envers « les choses non humaines » qui expliquerait le fait que « la culture occidentale diffère de la plupart des autres cultures par cette généreuse permission de détruire qui, depuis le XVIIᵉ siècle, n'a cessé de s'étendre [10] ». Le thème sera inlassablement repris jusque dans des livres à succès comme ceux de David Ehrenfeld, *The arrogance of humanism* (1979) ou John Lovelock, *Gaia* (1979). Il trouve même aujourd'hui une traduction française dans *Le contrat naturel* de Michel Serres. Depuis Descartes et son

---

9. Cf. George Sessions, « Spinoza and Jeffers on man in nature », *Inquiry*, 20, 1977.

10. Mary Midgley, *op. cit.*, p. 105

formidable projet de maîtrise, nous n'aurions cessé de dominer le monde sans retenue. D'abord, nous l'avons privé de tout mystère en le décrétant manipulable et calculable à l'envi. Fini l'animisme et les « qualités occultes », ces forces mystérieuses qui traversaient encore la nature des alchimistes du Moyen Age. Mais il y a plus : non contents de désenchanter l'univers, nous avons mis en place, avec la naissance de l'industrie moderne, les moyens de le consommer jusqu'à épuisement total. Voilà, selon Serres, le nouveau de l'affaire : pour la première fois, sans doute, dans l'histoire de l'humanité, les problèmes posés par la dévastation de la terre sont devenus globaux. Comme sur un navire perdu dans les tempêtes, il n'est pas de fuite possible, plus d'ailleurs où l'on pourrait chercher l'abri salvateur. Dès lors, ce monde que nous avions traité comme un *objet* redevient *sujet*, capable de se venger : abîmé, pollué, maltraité, c'est lui qui menace aujourd'hui de nous dominer à son tour. De là l'idée d'un « contrat naturel », analogue au fameux contrat social des philosophes du XVIIIe siècle : comme ces derniers avaient proposé de régir par le droit les relations entre les hommes, il faudrait maintenant envisager sous les mêmes auspices les rapports avec la nature. Plus concrètement peut-être, passer contrat avec elle signifierait rétablir une certaine justice. De « parasite », qui gère à sens unique, donc de façon inégalitaire, le rapport à la nature, l'homme doit devenir « symbiote », accepter l'échange qui consiste à rendre ce que l'on emprunte :

« Retour donc à la nature ! Cela signifie : au contrat exclusivement social, ajouter la passation d'un contrat naturel de symbiose et de réciprocité où notre rapport aux choses laisserait maîtrise et possession pour l'écoute admirative... Le droit de maîtrise et de propriété se réduit au parasitisme. Au contraire, le droit de symbiose se définit par réciprocité : autant la nature donne à l'homme, autant celui-ci doit rendre à celle-là, *devenue sujet de droit* [11] ».

Qu'un tel programme implique une remise en cause radicale de la tradition humaniste, voire un certain retour aux conceptions anciennes du droit, et non un simple ajout, c'est là ce que Michel Serres ne peut manquer lui-même de souligner. Comme les *deep ecologists* américains, il lui faut bien faire le procès de cette Déclaration française de 1789 qui « ignore et passe sous silence le monde » au point d'en faire sa victime. D'après les définitions du droit qu'elle charrie, l'homme seul, « le sujet de la connaissance et de l'action, jouit de tous les droits et ses objets d'aucun... Voilà pourquoi nous vouons nécessairement les choses du monde à la destruction ». Il faut donc renverser la perspective humaniste qui est celle de la Déclaration. C'est aujourd'hui du point de vue de ces objets que Serres entend se placer : « Une fois de plus, il nous faut statuer sur les vaincus, en écrivant le droit des êtres qui n'en ont pas. »

On objectera, non sans raison, qu'il s'agit là d'une fable métaphorique plus que d'une argumentation rigoureuse. Il semble bien difficile, en effet, de

---

11. *Le contrat naturel*, Flammarion, 1990, p. 67.

conférer un sens propre au contrat proposé par Serres (« Bonjour Dame nature, j'aimerais m'entendre avec vous... »). Dans le *Principe responsabilité*, Hans Jonas établissait lui aussi un lien philosophique strict entre la nécessité d'une critique de l'humanisme et celle d'une reconnaissance des droits de la nature. Le chapitre intitulé de façon significative « Un droit éthique autonome de la nature ? », n'hésitait pas, lui non plus, à répondre à la question par l'affirmative. Evoquant l'opinion selon laquelle « notre devoir s'étend plus loin que le seul intérêt de l'homme », il décrétait « hors de mise la limitation anthropocentrique propre à toutes les éthiques du passé ». Pourtant, Jonas ne poussera pas l'analogie entre humanité et naturalité au point de considérer la nature comme une « personne » au sens classique du terme : elle ne saurait, en effet, *contracter* d'engagements envers nous — ce pour quoi Jonas juge quelque peu incohérente et forcée l'idée d'un « contrat naturel [12] ». Il n'en reste pas moins, selon lui, « qu'il n'est plus dépourvu de sens de se demander si l'état de la nature extra-humaine, de la biosphère dans sa totalité et dans ses parties qui sont maintenant soumises à notre pouvoir, n'est pas devenu par le fait même un bien confié à l'homme et qu'elle a quelque chose comme une prétention morale à notre égard — *non seulement pour notre propre bien, mais pour son bien propre et son propre droit... Cela voudrait dire chercher non seulement le*

12. Cf. « De la gnose au " principe responsabilité " : un entretien avec Hans Jonas », *Esprit*, mai 1991, p. 15.

bien humain, mais également le bien des choses extra-humaines, c'est-à-dire étendre la reconnaissance de " fins en soi " au-delà de la sphère de l'homme et intégrer cette sollicitude dans le concept du bien commun » — ce que, d'après le *Principe responsabilité,* aucune morale humaniste n'a encore été capable de faire, et pour cause.

Si nous laissons de côté la métaphore contractualiste, en effet peu rigoureuse dans le contexte d'une réhabilitation des droits de la nature contre, justement, la logique anthropocentriste qui fut celle des pensées du contrat (c'était, on s'en souvient, l'argumentation de Mary Midgley), on perçoit quelle unité de vue relie entre elles ces versions américaine, allemande et française de l'écologie profonde : dans tous les cas de figure, il s'agit bien de remettre en cause la tradition moderne de l'humanisme juridique pour parvenir à l'idée que la nature possède une *valeur intrinsèque* et qu'elle est, comme telle, digne de respect. C'est dans cette optique que Jonas propose même de lui appliquer le concept de « fin en soi » dont on sait combien la pensée des Lumières tenait à ce qu'il fût réservé de façon exclusive aux seuls êtres humains, les objets naturels n'ayant jamais que le statut de moyens. Ainsi revalorisé, le *Cosmos* tout entier se voit à la limite affecté d'un coefficient positif supérieur à celui de l'humanité elle-même puisqu'il en constitue, dans la hiérarchie des êtres, la condition première : la nature peut se passer des hommes, mais non l'inverse, ce pourquoi l'idée d'une « préférence naturelle » se trouve pas à pas légitimée comme l'horizon métaphysique somme toute le plus logique de l'écologie profonde.

C'est là aussi le sens ultime de la référence à Spinoza. Comme l'écrit l'écologiste allemand Klaus Meyer-Abisch en s'inspirant de cette métaphysique panthéiste : « La nature se poursuit en nous en tant qu'elle y devient langage et art, et dans les autres êtres vivants en tant que ces derniers vivent pour ainsi dire sa vie (*i.e.*, la vie de la nature). Notre vie et celle du monde environnant est *sa* vie. » La « *Natura naturans,* la force créatrice, est partout elle-même le tout. Elle est ainsi le véritable centre du monde ». La conclusion, qui se veut réhabilitation du holisme, s'impose donc : « Qu'un arbre meure ou qu'un homme meure, dans les deux cas un être vivant meurt et retourne à la terre [13]. » En effet, mais sommes-nous bien certains que les deux disparitions aient le même sens, la même valeur, que la destruction de populations entières soit vraiment comparable à celle des arbres qui composent nos forêts ?

Il ne faut point croire, pour autant, que les thèses « inhumanistes » de l'écologie fondamentale n'apparaissent que dans les hautes sphères de la philosophie professionnelle. On les retrouve, plus ou moins nettement formulées, dans tous les mouvements Verts en Europe, comme en témoigne, par exemple, ce passage du dernier livre d'Antoine Waechter :

> « Le mot " nature " est expurgé de tous les discours comme s'il était indécent, tout au moins

---

13. K. M. Meyer-Abisch, *Wege zum Frieden mit der Natur,* Munich, 1984, pp. 90, 100, 187.

puéril, d'évoquer ce qu'il désigne. Le terme d'environnement s'est imposé, apparemment plus crédible (...). Le choix n'est pas neutre. Etymologiquement, le mot " environnement " désigne ce qui environne, et dans le contexte, plus précisément, ce qui environne l'espèce humaine. Cette vision anthropocentriste est conforme à l'esprit de notre civilisation conquérante dont la seule référence est l'homme et dont toute l'action tend à une maîtrise totale de la terre (...). Cette conception est l'un des points de rupture fondamentaux avec la philosophie écologiste qui appréhende l'être humain comme un organisme parmi des millions d'autres et considère que toutes les formes de vie ont un droit à une existence autonome [14]. »

Le thème constitue aussi le fond idéologique d'une organisation telle que *Greenpeace,* qui annonce clairement la couleur dans un éditorial de ses *Chroniques* en date d'avril 1979 :

« Les systèmes de valeurs humanistes doivent être remplacés par des valeurs suprahumanistes qui placent toute vie végétale et animale dans la sphère de prise en considération légale et morale. Et à la longue, que cela plaise ou non à tel ou tel, il faudra bien recourir le cas échéant à la force pour lutter contre ceux qui continuent à détériorer l'environnement. »

L'avertissement est clair : le dépassement de l'humanisme au profit d'une intronisation du règne

---

14. *Op. cit.,* p. 151.

végétal et animal en sujet d'éthique et de droit n'ira pas sans contraintes — argument du reste cohérent dans une perspective où il s'agit de mettre enfin un terme à la logique de ces fameux « droits de l'homme » qui n'ont guère servi qu'à légitimer l'oubli, voire la destruction du monde par le déferlement de la technique.

C'est dans le même style qu'un Jean Brière, ancien membre des Verts et ami intime de Waechter, suggère de « tarir à la source la surproduction d'enfants dans le tiers monde » tandis que Jean Fréchaut, qui lui aussi fut un temps membre des Verts, rêve d'un « gouvernement mondial qui puisse oppresser les populations afin de réduire toutes les pollutions et changer les désirs comme les comportements par des manipulations psychologiques [15] » ! Délire de marginaux qui n'expriment pas le sentiment général, pacifiste, des écologistes radicaux ? Peut-être, sans doute même, si nous prêtons seulement attention à la forme, en effet scandaleuse, dans laquelle ils s'expriment. Mais sur le fond ? Ne disent-ils pas tout haut ce que beaucoup pensent tout bas ? Quand on parle de « bombe D », c'est-à-dire, pour les non-initiés, de la surpopulation, de quoi au juste s'agit-il ? Nul ne contestera qu'il y ait là une réelle difficulté et que le taux de fécondité de certains pays puisse inquiéter ceux qui prennent en charge, à un titre ou à un autre, le destin de leurs populations. Mais, comme toujours, il y a façon et façon d'abor-

---

15. Ces deux passages sont cités et commentés par Pronier et Le Seigneur, *op. cit.*, pp. 191, 208.

der une question bien réelle : lorsqu'on en vient à
soutenir que le nombre idéal d'êtres humains *au
regard des besoins des êtres non humains* serait de
500 millions (James Lovelock), voire de 100 millions (Arne Naess), j'aimerais qu'on nous explique
au juste comment on entend mettre en œuvre cet
objectif hautement philanthropique. Car, là encore,
les rêves des écologistes radicaux tournent souvent
au cauchemar, à l'instar de ce programme de mort
tranquillement élaboré par William Aiken et publié
dans un ouvrage collectif jouissant d'une excellente
réputation : « Une mortalité humaine massive serait
une bonne chose. Il est de notre devoir de la
provoquer. C'est le devoir de notre espèce, vis-à-vis
de notre milieu, d'éliminer 90 % de nos effec-
tifs [16] ! »

N'oublions pas non plus comment ce genre de
considération devait conduire bien des écologistes
allemands à préférer le système soviétique au régime
des démocraties libérales. Jonas lui-même, que certains considèrent comme un authentique philosophe, devait donner l'exemple lorsque, à la fin des
années 70 encore, il attribuait au totalitarisme le
« mérite » de planifier de façon rigoureuse la
consommation et de contraindre ainsi ses bienheu-

---

16. Cité par A. Berque, *Médiance*, p. 76. Ajoutons que, dans
sa version originale, le texte d'Aiken fut publié par Tom Regan,
dans un recueil d'essais consacrés à l'éthique de l'environnement (*Earthbound*, « New introductory. Essais in Environmental ethics », Random House, New York, 1984). Il ne s'agit donc
nullement d'un texte marginal, reflétant l'opinion d'un dément
isolé.

reux sujets à une « saine frugalité » (*sic!*). Je me garderai d'ironiser, tant la chose serait facile. Disons que les pages consacrées à ce sujet par Jonas dans son *Principe responsabilité* n'ajoutent rien à la gloire des intellectuels de ce siècle et qu'elles infirment pour une bonne part le titre même de son livre [17].

3. Frankenstein et l'apprenti sorcier : la technique en question

L'écologie profonde est-elle hostile à « la » science ? Ainsi formulée, la question n'a guère de sens. Il faut en préciser les termes. Si l'on entend par science une sagesse globale, une nouvelle cosmologie qui puiserait ses sources dans les visions traditionnelles et religieuses du monde qui furent celles des Anciens (Grecs, Chinois ou Indiens de préférence), le fondamentaliste est pour. S'il s'agit en revanche de la technique moderne, liée de façon étroite à l'avènement d'une civilisation occidentale anthropocentriste, tout entière orientée vers la production et la consommation, il est clair que son attitude ne saurait être que négative. Très négative même, au point que les philosophes qui ont placé la critique de la technique au centre de leur œuvre deviennent des passages obligés — à commencer, bien sûr, par

---

17. Dominique Bourg est un des rares à avoir correctement perçu cet aspect du livre de Jonas. Cf. ses excellents articles publiés dans la revue *Esprit* à ce sujet.

Heidegger, dont Bill Devall n'hésite pas à dire qu'il est, avec Whitehead, le penseur européen « le plus influent » sur le mouvement[18].

C'est pour une grande part sur ce même thème que le *Principe responsabilité* bâtit son formidable succès. Dès la première page, les cartes sont posées : « La thèse liminaire de ce livre est que la promesse de la technique moderne s'est inversée en menace (...). La soumission de la nature en vue du bonheur des hommes a entraîné, par la démesure de son succès, qui s'étend maintenant à la nature de l'homme lui-même [Jonas pense ici aux sciences de la vie, et à la possibilité d'opérer des manipulations génétiques de l'espèce humaine], le plus grand défi pour l'être humain que son faire ait jamais entraîné. »

La crainte de la technique suscite le retour des anciens mythes de la science-fiction : dans l'histoire de Frankenstein comme dans celle de l'apprenti sorcier, nous assistons au renversement par lequel la créature devient le maître de son maître. L'écologie profonde se plaît à appliquer la métaphore à la technique. Selon Jonas, l'histoire de notre rapport au monde passerait par trois étapes, chacune caractérisée par un certain type de pouvoir. D'abord celui que l'homme conquiert progressivement contre la nature. Il correspond à l'émergence de la technique

_____

18. « En particulier, nombre de philosophes américains, à la fois ceux qui ont un intérêt pour la conscience écologique et pour les philosophes contemporains, discutent la critique heideggérienne de la philosophie occidentale et des sociétés occidentales contemporaines. »

159

comme projet de domination de la terre. Mais ce premier pouvoir tend aujourd'hui à s'inverser : la technique nous échappe de sorte que *nous ne maîtrisons plus notre propre maîtrise*. Nous disposons, par exemple, pour évoquer un thème qui préoccupe Jonas, des moyens d'effectuer sur les animaux comme sur les humains des modifications génétiques susceptibles de modifier l'espèce. Or, il n'existe aucun moyen, éthique, juridique, politique ou autre, de contrôler les expériences dont nous savons qu'elles ont lieu chaque jour dans des laboratoires dispersés de par le monde. Bien plus, tout porte à penser qu'en raison d'impératifs économiques évidents (la découverte d'un vaccin, d'un médicament, etc. peut-être l'enjeu de sommes considérables), les expériences les plus inquiétantes ne feront que se développer sans cesse davantage à notre insu. La créature échappe ainsi à son maître et risque de l'asservir de façon irréversible. Il faudrait donc instaurer un *troisième pouvoir*, maîtriser à nouveau la maîtrise de la nature. Mais la tâche semble impossible, du moins irréalisable, selon Jonas, dans le cadre d'une société démocratique. Il faudrait recourir à la force — on retrouve ici les conclusions qui sont celles de *Greenpeace* —, à la contrainte étatique, par exemple, dont Jonas [19] ne peut s'empêcher d'admirer et d'encourager l'exercice dans les pays de l'Est et l'Union soviétique...

---

19. Cf. *Le Principe responsabilité*, éd. du Cerf. 1990, p. 205 sqq.

Toute la question est bien là, en effet. Qu'il faille, sinon limiter le déploiement de la technique, du moins le *contrôler et l'orienter*, nul démocrate sérieux ne le contestera. Que ce contrôle doive s'effectuer au prix de la démocratie elle-même, c'est là un pas supplémentaire que les écologistes profonds, animés qu'ils sont par la haine de l'humanisme et de la civilisation occidentale, mais aussi par la fascination nostalgique des modèles passés (les Indiens) ou à venir (le communisme), n'hésitent presque jamais à franchir. Il y a à cette propension des raisons qui commencent, je l'espère, d'apparaître, et qu'un certain amour de la vie, qui redouble celui de la nature, ne fait que renforcer.

4. Le « *biocentrisme* » ou le culte de la vie

L'amour de la vie, de sa propre vie comme de celle des êtres qui nous sont chers, est d'évidence une des passions les plus communes à l'humanité. Il n'y a rien là qui puisse choquer, rien non plus qui puisse passer pour caractéristique d'une sensibilité idéologique particulière. Mais quand cet attachement se transforme en « vitalisme », lorsqu'il se porte sur ce que les écologistes profonds nomment la « biosphère », il change de signification. « Biosphère » : le terme mérite précision. Il ne désigne pas, comme on pourrait le croire à première vue, la simple totalité des êtres vivants. Il définit plutôt l'ensemble des éléments qui, au sein de l'écosphère, contribuent au maintien et à l'épanouissement de la vie en général. Pourquoi la nuance est-elle essentielle? Tout simplement parce qu'elle permet de faire la différence entre un amour de la vie encore « homocentrique », réservé aux êtres humains, et un amour « holistique », portant sur le tout « biogénique » dont dépend directement ou indirectement notre existence.

En clair, il s'agit de reconnaître, ici encore, que les hommes ne sont qu'une infime partie de l'univers, qu'ils en dépendent de part en part et qu'à ce titre, ce dernier doit faire l'objet d'une valorisation et d'un respect plus élevés que ceux que nous réservons d'ordinaire à l'humanité. Comme le soulignent inlassablement nos fondamentalistes, « la reconnaissance de cette dépendance décisive devrait conduire à élever la valeur du milieu générateur de vie au niveau d'une *fin en soi* [...] Certains écosystèmes devraient être strictement préservés et il faudrait donner à leurs composantes d'autres noms que celui de « ressources » afin d'indiquer qu'elles sont *sacrosaintes* ». Cela permettrait d'en finir avec « cette tradition écologiquement naïve des gens ne valorisant que les gens, cette tradition soutenue par une éthique homocentrique, résultat d'une longue histoire humanistique au sein de laquelle la nature conçue comme environnement a été dépréciée en tant que monde aliéné, moins qu'humain, inférieur et donc indigne d'une valorisation fondamentale [20] ».

---

20. Stan Rowe. *Crimes against the ecosphere*, p. 89.

J'ai souvent été frappé au fil de mes lectures par la fréquence avec laquelle des expressions religieuses — « valeurs sacro-saintes », « sainteté de la vie » *(Sanctity of life)*, etc. — revenaient sous la plume des écologistes profonds dès lors qu'il s'agissait d'évoquer le vivant en général. On doit bien convenir que le fait s'explique assez par le caractère holistique de cette pensée : voulant dépasser les limites de l'humanisme, elle en vient à considérer la biosphère comme une entité quasi divine, infiniment plus élevée que toute réalité individuelle, humaine ou non humaine. A la fois extérieure aux hommes et supérieure à eux, elle peut à la limite être regardée comme leur véritable principe créateur — par où l'on retrouve l'une des figures classiques de la divinité. *Deus sive natura*, disait déjà le panthéisme de Spinoza...

Mais ce nouveau spinozisme rejoint aussi l'une des intuitions les plus profondes du vitalisme nietzschéen : celle selon laquelle la vie constituerait « l'essence la plus intime de l'être », le fond ultime de toute chose en même temps que le principe de toute valorisation. On se souvient qu'au nom d'une telle référence à la vie, Nietzsche en venait à dénoncer « l'absurdité » de l'opposition platonico-chrétienne entre un monde d'ici-bas (sensible) et un monde de l'au-delà (intelligible). Ce dualisme ne cacherait, selon lui, qu'une volonté pathologique et « décadente » de nier l'existence réelle, pourtant *la seule vie qui soit vraiment*, au profit d'une pure fiction produite par les élucubrations d'une imagination malade. Telle est l'essence de la morale et de la religion, toujours vouées, de façon névrotique dira

plus tard Freud, à chercher *ailleurs* un sens à la vie :
« L' " autre monde ", tel qu'il résulte de ces faits, est
synonyme de non-être, du non-vivre, de la volonté
de ne pas vivre. *Vue d'ensemble :* c'est la *lassitude de
vivre,* et non l'instinct vital qui a créé l' " autre "
monde[21]. »

Voilà pourquoi, et c'est là un thème crucial de
l'écologie profonde dont on verra comment il est
aussi repris par « l'écoféminisme », *il ne saurait y
avoir de valeur extérieure à la vie :* « Des jugements,
des appréciations de la vie, pour ou contre, ne
peuvent en dernière instance jamais être vrais : ils
n'ont d'autre valeur que celle d'être des symptômes
— en soi de tels jugements sont des stupidités[22]. »
Car c'est toujours la vie qui s'exprime en nous et à
travers nous, même dans nos énoncés en apparence
les plus éthérés. De là l'idée, chère aux écologistes
profonds, qu'il faut enfin réapprendre à révérer
l'entité quasi sacrée qui commande l'alpha et
l'oméga de notre existence, au lieu de se rebeller
contre elle avec l'orgueilleuse et stupide témérité
dont fait preuve la civilisation occidentale. Il faut
accepter la réalité de notre totale *immanence* à la
nature, à cette biosphère contre laquelle nous ne
saurions nous révolter que de façon pathologique,
donc provisoire et vouée à l'échec.

Ici encore, l'écologie profonde découvre un double
visage. Car ce vitalisme de type holistique, dont la

---

21. *Volonté de puissance,* trad. Bianquis, Gallimard, t. I,
Liv. 1, § 213.
22. *Crépuscule des idoles. Le cas Socrate,* § 2.

cible avouée est l'humanisme, autorise deux lectures politiques. L'une, plutôt néo-conservatrice et contre-révolutionnaire (hostile à la Déclaration des droits de l'homme), pourrait puiser ses origines dans le romantisme allemand, voire dans l'extrême droite française. L'arbre de M. Taine, mis en scène dans *Les déracinés* de Barrès, pourrait lui servir d'illustration : maître de morale autant que « masse puissante de verdure », la plante est un objet d'admiration en ce qu'elle « obéit à une raison secrète, à la plus sublime philosophie qui est l'acceptation des nécessités de la vie ». Mais le projet de prendre le vivant pour modèle ou, tout au moins, d'y enraciner les objectifs d'une existence authentique, trouve aujourd'hui sa version « de gauche ». C'est ainsi que Hans Jonas, dont on a souligné les professions de foi en faveur des régimes communistes, entreprend à son tour de « domicilier dans la nature » les fins de son éthique de la responsabilité. S'il faut, en dernière instance, protéger l'environnement, le préserver aussi pour les générations futures, c'est au fond parce que « la vie dit oui à la vie », qu'elle est déjà, en nous comme hors de nous, dans le règne animal et végétal, choix de la persévération dans l'être plutôt que du suicide. On objectera peut-être que la pensée de Jonas, et celle des écologistes allemands qui s'en réclament, est plus profonde, qu'elle dépasse les cadres d'une simple philosophie de la biologie. On soulignera, par exemple, qu'il assigne à la liberté humaine, et non seulement à la nature vivante, la tâche proprement éthique de prendre en charge *volontairement* la responsabilité de la préservation du monde. C'est oublier l'arrière-fond romantique, antihumaniste[23], qui est réinvesti dans cette nouvelle philosophie de la nature. Jonas y insiste pourtant à maintes reprises de manière tout à fait explicite : s'il est vrai que le « oui » à la vie et le « non » à la mort qui caractérisent tout être vivant ne deviennent conscients, donc responsables et volontaires, qu'au sein de l'humanité, il n'en reste pas moins que cette volonté et cette conscience *ne lui reviennent qu'en tant qu'espèce vivante achevant le parcours de l'évolution naturelle, donc, en tant que réalité de nature plus que de liberté :* c'est seulement « *comme résultat suprême du travail de finalisation de la nature* » que « l'homme doit assumer le " oui " dans son vouloir et imposer à son pouvoir le " non " opposé au non-être[24] ».

Comme chez Nietzsche ou chez Schelling donc, c'en est fini de la transcendance et nos attitudes ne sont en dernière instance que des « symptômes »,

---

23. Les historiens de l'idéalisme allemand reconnaîtront sans peine l'influence des thèses de Schelling sur Hans Jonas.

24. *Op. cit.*, p. 119. Paul Ricœur, dans un article consacré à Jonas publié dans le *Messager Européen* (n° 5, 1991) perçoit bien la difficulté : la fondation de l'éthique dans la biologie est insuffisante, car le fait que la nature « dise oui à la vie » ne fonde pas la nécessité *éthique* d'une action en faveur de sa préservation par les hommes. Il faut, selon Ricœur, que Jonas accepte un moment humaniste, de type kantien. A moins, ajouterai-je, qu'on puisse intégrer la liberté, la conscience et la volonté dans la nature elle-même, en s'inspirant, comme le fait Jonas de façon délibérée, d'une philosophie de la nature romantique, de type schellingien, où l'homme apparaît comme le sommet de l'évolution naturelle plus que comme un être opposé à la nature.

des produits de la vie en général. Une question simple, mais dès lors cruciale, s'impose : s'il n'est rien *au-delà* de la vie, pourquoi admettre plus longtemps l'existence de valeurs situées *au-dessus* d'elle, d'idéaux au nom desquels on pourrait encore songer à faire ce qu'une vaine et désuète morale nommait, il y a peu encore, le « sacrifice suprême » ? On pressent peut-être que le lien entre écologie et pacifisme, entre le souci de protéger la vie et celui de ne pas la risquer, est plus profond qu'il n'y paraissait au premier abord.

5. *La peur comme passion politique*

Au fond de l'écologie contemporaine, il y a cette « grande peur planétaire » que les auteurs d'un ouvrage récent[25] proposent de scinder en trois rubriques : épuisement des ressources naturelles, multiplication des déchets industriels, en particulier nucléaires, et destruction des cultures traditionnelles. Craintes factuelles et empiriques, en somme, portant sur des dangers dont on devrait parvenir à mesurer de manière scientifique la réalité et la portée exactes : effet de serre, trou dans la couche d'ozone, possibles explosions de foyers radioactifs, disparition de la forêt amazonienne et de ses habi-

---

25. Pierre Alphandéry, Pierre Bitoun et Yves Dupont, *L'équivoque écologique*, La Découverte, Paris, 1991, p. 101 sqq.

tants, pollution des mers, etc. Mais il y a plus, et autre chose, dans le *souci* de préserver la nature telle qu'elle est, voire de la restaurer telle qu'elle fut pour la transmettre, si possible intacte, aux futures générations : le principe fondateur d'une politique.

C'est là du moins ce que Hans Jonas a voulu décrire au fil de ce qu'il nomme une « heuristique de la peur ». L'idée, moins évidente qu'il n'y paraît à première vue, mérite d'autant plus l'attention qu'elle concentre un thème majeur de l'écologie fondamentale. De quoi s'agit-il ? D'abord de prendre conscience du formidable décalage entre la faiblesse de nos lumières et, en revanche, l'extraordinaire potentiel de destruction dont nous disposons. Et Jonas, ici, ne songe pas tant à tel ou tel danger particulier, au nucléaire, par exemple, qu'au développement même de la technique en général. Celle-ci — comme le monstre de Frankenstein ou l'être qui échappe à l'apprenti sorcier — développe des capacités d'anéantissement de la terre qui sont d'autant plus effrayantes qu'elles s'émancipent, comme dans les mythes qu'on vient d'évoquer, de tout contrôle possible de la part des hommes. Dans les temps anciens, au XVIIIe siècle encore, une sorte d'harmonie entre notre savoir et notre pouvoir avait été préservée : les hommes vivaient dans un monde moins complexe que celui d'aujourd'hui et, d'un autre côté, leur puissance sur ce monde était infiniment moindre. Le rapport s'est inversé : non seulement nous sommes en possession des moyens permettant de liquider toute vie, mais en outre, la complexité de notre univers est telle qu'il nous est dans la plupart des cas impossible de mesurer les conséquences de nos décisions technologiques, économiques et politiques.

D'où la fonction éthique et même théorique de la peur, qui devient tout à la fois un devoir moral et un principe de connaissance. Devoir moral, parce que nous n'avons pas le droit, telle est la thèse de Jonas, de prendre le moindre risque *total*, entendons : le moindre risque susceptible d'hypothéquer la possibilité même de l'existence humaine et, plus généralement, de la vie ; principe de connaissance aussi, puisque la peur devient notre guide dans le repérage des dangers de ce type et nous permet de les distinguer de ceux, moins absolus, pour lesquels la prise d'un risque resterait le cas échéant acceptable. C'est ainsi toute la problématique du souci des générations futures qui s'introduit dans l'écologie. Comme l'indique Jonas, « la peur est déjà contenue dans la question originaire avec laquelle on peut s'imaginer que commence toute responsabilité active : que *lui* arrivera-t-il si *moi* je ne m'occupe *pas* de lui ? Plus la réponse est obscure, plus la responsabilité se dessine clairement [26] ».

La dernière phrase rappelle le thème central de cette « heuristique » : c'est parce que notre savoir des conséquences inattendues (des « effets pervers ») de nos actions est infime que notre responsabilité est plus urgente. La première marque la différence avec les philosophies politiques classiques, en particulier celle de Hobbes, qui faisaient elles aussi de la peur un principe fondateur de la

26. *Op. cit.*, p. 301.

169

politique. On se souvient en effet comment, chez Hobbes, l'état de nature est décrit comme le lieu de la « guerre de tous contre tous ». C'est dire qu'avant l'apparition des lois régissant la vie en société, les hommes vivaient en permanence dans la crainte de la mort violente. Et c'est pour échapper à ce sentiment, donc pour accéder à la sécurité, qu'ils acceptent d'entrer dans un Etat régi par des lois. La peur est ainsi la passion politique fondamentale. Toutefois, son ressort reste ici l'égoïsme. Jonas voudrait en revanche nous convaincre que dans l'écologie contemporaine, à la différence de ce qui a lieu chez Hobbes, nous avons affaire à une « peur-pour-autrui », notamment pour les générations futures.

Il est bien sûr impossible, et sans doute peu souhaitable, de sonder les cœurs et les reins. Ce type de généalogie donne toujours lieu à des procès d'intention. Il semble bien, cependant, que l'injonction altruiste de Jonas reste un vœu pieux, et ce, me semble-t-il, pour une raison de fond : on voit mal, en effet, comment le sentiment de la peur, précisément parce qu'il s'agit d'un sentiment, pourrait ne pas être au premier chef égocentrique. Les générations futures se réduisent trop souvent à l'image de nos enfants, et le souci de préserver la vie en général se confond avec celui de conserver la sienne et celle des siens. Rien de plus normal, du reste. Simplement, il faudrait aussi réfléchir à ceci : l'écologie semble être le premier mouvement politique révolutionnaire qui se fonde sur l'évacuation du risque de la mort et soit en tout point hostile aux utopies (il est significatif que le livre de Jonas soit tout entier dirigé contre le

Principe Espérance d'Ernst Bloch dont il parodie le titre). Dans toutes les révoltes de la jeunesse, jusques et y compris dans le mouvement de Mai 68, l'héroïsme était, si l'on ose dire, de rigueur — ou du moins, sa mise en scène constituait un passage imposé. Dès lors que la vie devient la valeur entre toutes, dès lors que la transcendance disparaît puisqu'il n'est plus rien au-delà ni au-dessus de la biosphère, on comprend en effet qu'il apparaisse préférable d'être « plutôt rouge que mort ». Tel est, sans doute, le prix de la pacification écologiste sur le plan éthique.

6. Éthique et science : le retour des « morales objectives ».

Existe-t-il des experts en matière de morale ? La question prêterait à sourire si elle ne prenait chaque jour un caractère plus réel. Aux Etats-Unis, au Canada ou en Allemagne, elle est devenue un thème « académique » qui suscite colloques et publications universitaires. Mais dans le reste de la société tout aussi bien, les « conseils de sages » se multiplient, des « comités d'éthique » apparaissent où des scientifiques, des juristes, des philosophes ou des théologiens professionnels sont appelés à émettre des avis sur des questions touchant la vie intime des individus : procréations médicalement assistées, greffes d'organes, expérimentation humaine, euthanasie, etc. On voit se développer l'idée selon laquelle la connaissance des secrets de l'univers ou des orga-

171

nismes biologiques doterait ceux qui la détiennent d'une nouvelle forme de sagesse, supérieure à celle du commun des mortels. Mais c'est sans nul doute dans le champ de l'écologie que semble s'imposer avec le sceau de l'évidence le sentiment que les sciences de la nature nous livreraient *en tant que telles* des enseignements applicables dans l'ordre de l'éthique et de la politique. Problème philosophique classique — comment passer de la théorie à la pratique ? — mais qui retrouve, sous des formes nouvelles, une actualité qui mérite réellement réflexion. Car le danger est toujours grand, lorsqu'on prétend trouver des modèles de conduite « naturels », donc « objectifs », et décider *more geometrico* où se situent le bien et le mal, de voir resurgir de nouveaux dogmatismes.

L'argument développé dès le XVIIIe siècle par le philosophe écossais David Hume est pourtant bien connu : de la simple considération de ce qui *est,* il est impossible d'inférer ce qui *doit être.* En clair, une théorie scientifique peut bien nous décrire aussi adéquatement que possible la réalité, et anticiper de façon aussi plausible qu'on voudra sur les conséquences éventuelles de nos actions, nous ne pourrons pour autant rien en tirer *directement* pour la pratique. Même si les services de médecine ont déterminé de façon tout à fait convaincante que la consommation de tabac était nuisible pour notre santé, il convient d'ajouter un maillon intermédiaire pour en tirer une quelconque conclusion éthique : il faut en effet que nous fassions au préalable de notre bonne condition physique *une valeur,* pour que les résultats du travail scientifique prennent la forme d'un « il ne faut pas ! ». C'est donc toujours *la subjectivité* (un « je » ou un « nous ») qui décide en dernière instance de valoriser ou de dévaloriser telle ou telle attitude. Faute d'une *décision*, les impératifs qu'on prétend tirer des sciences demeurent toujours « hypothétiques », puisqu'ils ne peuvent dépasser le cadre d'une formulation du type : « *Si* tu ne veux pas porter atteinte à ta santé, *alors* cesse de fumer. » Mais après tout, il reste possible, du moins dans ce genre de situation touchant le bien-être individuel, d'avoir d'autres valeurs que celles de la conservation de soi, de préférer par exemple une vie courte, mais bonne, à une existence longue et ennuyeuse.

Si l'argument de Hume fait foi, force est de convenir que la morale ne saurait, *en tant que telle*, être une affaire d'experts. Certes, les savants peuvent avoir un rôle à jouer dans la détermination de nos choix, lorsqu'il importe de prendre en compte les conséquences de nos actes et que celles-ci sont difficilement prévisibles. Pour rester dans les exemples classiques, un chef militaire qui, faute d'avoir pris l'avis de conseillers avisés, conduirait ses troupes à une mort certaine, commettrait une faute non seulement stratégique, mais morale. Un homme politique qui, par ignorance en matière d'économie, réduirait une fraction de la population au chômage se trouverait dans une situation analogue. Certaines erreurs, celles qui auraient pu être évitées par la prise en compte de connaissances disponibles et effectivement accessibles peuvent donc être regardées comme des fautes. La limite entre l'ignorance admissible et celle que l'on jugera coupable est difficile à fixer : de là les efforts de la philosophie

173

contemporaine pour reformuler les termes d'une éthique de la responsabilité. Il n'en reste pas moins que, une fois admise et située l'importance de son intervention, *ce n'est pas l'expert en tant que tel qui détermine le choix des valeurs.* Voilà une leçon qu'on aurait intérêt à ne pas oublier : car de Lénine à Hitler, la prétention à fonder la pratique dans l'objectivité d'une science de la nature ou de l'histoire s'est toujours soldée par des catastrophes humaines.

Pourtant, c'est bien là le fossé qu'entend combler l'écologisme et ce, au moins dans trois perspectives très différentes.

D'abord, dans celle de l'utilitarisme qui est aujourd'hui la principale doctrine à revaloriser l'idée d'une « expertise morale » : si l'on admet (le postulat, bien sûr, est un peu difficile à absorber, mais sans lui tout s'effondre dans cette doctrine) que les intérêts peuvent faire l'objet d'un calcul, alors, l'expert moral par excellence sera le « mathématicien des passions ». C'est dans ce sens, par exemple, que les utilitaristes discutent de la valeur comparée de la souffrance des enfants, des animaux ou des malades mentaux, dans l'espoir qu'une science exacte des plaisirs et des peines nous permettra d'opérer enfin des choix éthiques rationnels.

C'est ensuite dans l'optique d'une philosophie de la vie — ou de la biologie — que l'écologie peut espérer trouver une fondation « objective » de l'éthique. Car la vie, selon la formule de Jonas, « dit oui à la vie ». La nature contiendrait *en elle-même* certains objectifs, certaines fins, par exemple l'instinct de conservation et la volonté de « persévérer dans l'être », indépendamment de nos opinions et de nos décrets subjectifs : « fonder le " bien " ou la " valeur " dans l'être, écrit Jonas, cela veut dire enjamber le prétendu gouffre entre l'être et le devoir[27] ». L'homme ne serait plus, comme dans le cadre de l'humanisme républicain, cet être *autonome* qui se veut l'auteur des normes et les lois, mais seulement celui qui, parce qu'il est lui-même le produit le plus élevé de la nature, les déchiffre, les abrite et se porte responsable d'elles. Ici, l'écologie se met à rêver de ce *Cosmos* aristotélicien, de cet ordre du monde découvert par la sagesse théorique où l'on pouvait encore détecter une justice immanente et *lire le droit*, c'est-à-dire la part et la place qui reviennent à chacun. Démarquant Jonas jusque dans la terminologie, Michel Serres n'hésite pas à répondre en ces termes au journaliste qui l'interroge sur le fondement des valeurs :

> « Le fondement que vous demandez des valeurs qui présideront (. .) à nos décisions est tout simple : agir de telle sorte que la vie reste possible, que la génération puisse continuer, que le genre humain se perpétue... Ainsi la vie de l'espèce entière vient entre nos mains, fondement aussi exact et fidèle aux choses mêmes que celui des sciences elles-mêmes. Nous entrons dans une période où la morale devient objective[28]. »

« Exact », « simple », « global », « objectif », le fondement de l'éthique ? Indiscutable, donc ? La

---

27. *Op. cit.*, p. 115.
28. *Le Monde*, 21 janvier 1992.

bonne nouvelle ! Et s'il ne l'était que dans l'esprit de ceux qui entendent en finir avec l'indétermination propre à toute interrogation démocratique ?

Mais paradoxalement, c'est aussi vers Hume et la tradition de l'empirisme que se tourne un troisième groupe d'écologistes. Paradoxe, en effet, qui requiert l'attention puisque Hume semble être par excellence le philosophe qui interdit le passage de la science à l'éthique, de l'être au devoir-être, du *Is* au *Ought*. Dans un article remarqué, l'un des disciples d'Aldo Leopold, J. Baird Callicott, lui-même écologiste profond, pose le problème de façon exemplaire. Au lieu d'emprunter, comme Jonas ou Serres, la voie qui consisterait à transgresser l'interdit humien[29], il choisit de montrer qu'il est possible de passer du *is* au *ought* en demeurant fidèle aux principes de l'empirisme. Enjeu décisif, donc, si l'on admet que les sciences positives sur lesquelles l'écologie voudrait fonder une vision morale du monde sont des sciences *empiriques*. Démonstration d'autant plus nécessaire que cette fondation scientifique d'une éthique environnementale ne peut s'opérer, selon Callicott,

---

29. Dans cette optique, cf. Holmes Rolston III, « Is there an ecological ethic », in *Ethics*, 85, 1975. Cf. aussi, du même auteur, « Are values in nature subjective or objective ? » in *Environmental Ethics*, 3, 1981 ; Don E. Marietta Jr, « Interrelationship of ecological science and environmental ethics », in *Environmental Ethics*, 2, 1979 ; Tom Regan, « On the connection between environmental science and environmental ethics », in *Environmental Ethics*, 2, 1980.

que dans le cadre de la pensée humienne. Voici son argumentation :

a) Au premier abord la position de Hume paraît défavorable au projet. Cependant, son *Traité de la nature humaine* ne cesse d'y insister : la nature humaine étant globalement la même en chacun d'entre nous, les variations morales, comme les variations du goût, sont infiniment moins considérables qu'on ne le dit d'ordinaire pour soutenir des arguments sceptiques. En vérité, les différences, très réduites, sont des exceptions qu'il faut interpréter, soit comme des déviations par rapport à la normalité naturelle (le mal s'identifie ici au pathologique), soit comme un manque de culture de cette nature qui gagne bien sûr à être élaborée (le mal est dès lors une des figures de la « sauvagerie »).

b) C'est donc chez Hume lui-même que nous trouvons le chaînon manquant : la médiation entre être et devoir-être peut fort bien s'effectuer par la nature universelle de l'homme. Pour prendre l'exemple parlant mobilisé par Callicott, on ne dira pas à sa fille : « Tu ne dois pas fumer parce que c'est mauvais pour la santé », mais : « 1) fumer des cigarettes est mauvais pour la santé ; 2) ta santé est une chose à l'égard de laquelle, *c'est une question de fait*, tu as une « attitude positive » (pour parler notre langage d'aujourd'hui — Hume aurait évoqué, de façon plus fleurie, une « passion ou un sentiment chaleureux ») ; 3) donc, tu ne dois pas fumer de cigarettes. »

c) Le syllogisme peut être étendu à l'écologie tout entière : « 1) les sciences biologiques ont dévoilé a) que la nature organique était une totalité systé-

177

matique intégrée ; b) que l'espèce humaine est un membre non privilégié du continuum organique ; et c) que, en conséquence, la déprédation de l'environnement menace la vie humaine, la santé et le bonheur. 2) Nous, êtres humains, partageons un *intérêt* commun pour la vie humaine, la santé et le bonheur. 3) Par conséquent, nous ne devons pas violer l'intégrité et la stabilité de l'environnement naturel... »

Le raisonnement de Callicott a le mérite de la cohérence... à l'intérieur du cadre humien s'entend. Car, hors de ce cadre, il se heurte à deux difficultés au moins.

La première est que son impératif moral n'est jamais qu'hypothétique. En effet, nous tenons tous, en tant qu'êtres biologiques, à notre santé. Mais encore faut-il préciser : « jusqu'à un certain point ». Car la santé n'est pas pour tout un chacun ni en toutes circonstances une valeur absolue. Bien qu' « assertorique », c'est-à-dire reposant sur un fait empirique, l'impératif de Callicott reste donc *relatif*. Pour le rendre catégorique, il faudrait justement y adjoindre des conditions autres que factuelles et dire, par exemple : « Ne fume pas, non pas simplement parce que, tenant à ta santé, tu le veux pour ainsi dire déjà, mais, par exemple, parce que tu as l'obligation morale de rester aussi longtemps que possible en vie pour élever tes enfants, pour aider les déshérités ou toute autre tâche visant à accomplir un service à l'égard d'autrui. »

La thèse néo-humienne ne dépasse donc pas le niveau de ce qu'il faudrait nommer une « éthologie », non une éthique : pas question, en effet, de

178

normes morales que l'on devrait s'efforcer d'appliquer, mais uniquement d'une analyse, non normative, de ce que, *de facto,* les humains (selon Hume ou Callicott) sont censés aimer ou abhorrer. Les critères éthiques s'identifient avec ce que l'anthropologie empirique nous apprend sur la psychologie humaine (ou humienne...). Mais le danger d'une prétendue fondation de l'éthique sur la science resurgit : partant de l'idée qu'il existe en principe une nature humaine « saine et identique » en chaque individu, nous sommes de proche en proche conduits à identifier toute pratique supposée déviante à une attitude pathologique. A la limite, le mal se confond avec l'anormalité : il faut être fou pour fumer, pour ne pas aimer la nature comme il *convient,* etc. — ce pour quoi Callicott n'hésite pas à dire qu'il « faudrait prescrire le recours à un conseiller psychologique » à celui qui nierait la validité du syllogisme écologiste, renouant ainsi, sans doute involontairement, avec un des pires aspects du projet marxien d'une déduction de l'éthique à partir de la science.

Etrange type idéal : cohérent, mais difficile, voire impossible, à classer tant le brun et le rouge ne cessent de s'y mêler — l'amour du terroir, la nostalgie de la pureté perdue, la haine du cosmopolitisme, du déracinement moderne, de l'universalisme et des droits de l'homme d'un côté ; mais de l'autre, le rêve autogestionnaire, le mythe de la croissance zéro (ou, comme on dit maintenant, « tenable »), la lutte contre le capitalisme, pour les pouvoirs locaux, les référendums d'initiative populaire, contre le racisme, le néo-colonialisme, pour le droit à la différence... Le point commun entre ces thèmes, en apparence éclatés, parfois à la limite de l'inconciliable, ne manque pourtant pas de profondeur. Dès qu'on en saisit le principe, le type idéal retrouve la cohérence (sinon la vérité, ce qui est une autre affaire) que nous aurions pu être enclins à lui refuser : *c'est que dans tous les cas de figure, l'écologiste profond est guidé par la haine de la modernité, l'hostilité au temps présent.* Comme l'écrit Bill Devall, dans un passage qui trahit, en négatif, le fond de sa pensée : la civilisation moderne est celle dans laquelle « le nouveau est valorisé davantage que l'ancien et le présent davantage que les générations futures [30] ». L'idéal de l'écologie profonde serait un monde où les époques perdues et les horizons lointains auraient la préséance sur le présent. Nul hasard, dès lors, si elle ne cesse d'hésiter entre les motifs romantiques de la révolution conservatrice, et ceux, « progressistes », de la révolution anticapitaliste. Dans les deux cas, c'est la même hantise d'en finir avec l'humanisme qui s'affirme de façon parfois névrotique, au point que l'on peut dire de l'écologie profonde qu'elle plonge certaines de ses racines dans le nazisme et pousse ses branches jusque dans les sphères les plus extrêmes du gauchisme culturel.

---

30. *Loc. cit.,* p. 301.

II

L'ÉCOLOGIE NAZIE : LES LÉGISLATIONS
DE NOVEMBRE 1933, JUILLET 1934
ET JUIN 1935

« *Im neuen Reich darf es keine Tierquälerei mehr geben* » (*dans le nouveau Reich il ne devra plus y avoir de place pour la cruauté envers les bêtes*). Extraits d'un discours d'Adolph Hitler, ces propos sympathiques inspirent l'imposante loi du 24 novembre 1933 sur la protection des animaux *(Tierschutzgesetz)*. Selon Giese et Kahler, les deux conseillers techniques du ministère de l'Intérieur chargés de rédiger le texte législatif, c'est ce message du Führer qu'il s'agit de traduire enfin dans la réalité concrète — tâche impossible, paraît-il, avant l'arrivée au pouvoir d'un gouvernement national-socialiste. C'est là du moins ce qu'ils expliquent dans l'ouvrage qu'ils publient en 1939 sous le titre : *Le droit allemand de la protection des animaux*[1]. On y trouve rassemblées, en quelque trois cents pages serrées, toutes les dispositions juridiques relatives à la nouvelle législation, ainsi qu'une introduction exposant les motifs « philosophiques » et politiques d'un projet dont l'ampleur, en effet, n'est alors à

---

1. *Das deutsche Tierschutzrecht*, Berlin, Duncker et Humblot, 1939.

nulle autre pareille. Il sera bientôt complété, le 3 juillet 1934, par une loi limitant la chasse *(Das Reichsjagdgesetz)*, puis, le 1er juillet 1935, par ce monument de l'écologie moderne qu'est la loi sur la protection de la nature *(Reichsnaturschutzgesetz)*. Toutes trois commandées par Hitler, qui en faisait une affaire personnelle, bien qu'elles correspondissent aussi aux vœux des nombreuses et puissantes associations écologistes de l'époque [2], elles portent, hors celle du Chancelier, les signatures des principaux ministres concernés : Göring, Gürtner, Darré, Frick et Rust.

Fait étrange : alors que ces lois furent les premières au monde à concilier un projet écologique d'envergure avec le souci d'une intervention politique réelle, on n'en trouve pas trace dans la littérature aujourd'hui consacrée à l'environnement (hors

---

2. En particulier du *Bund Deutscher Heimatschutz* fondé en 1904 par le biologiste Ernst Rudorff et de la *Staatliche Stelle für Naturdenkmalpflege in Preussen* créée à Berlin en 1906. Sur ces associations, et, plus généralement, sur les mouvements de protection de la nature sous le régime nazi, il faut lire les travaux de Walther Schoenichen. Lui-même national-socialiste convaincu, titulaire de la chaire de protection de la nature à l'université de Berlin, il rédigera jusqu'à la fin des années 50 une série d'ouvrages sur la mission de l'Allemagne en la matière, dont deux essais sur les bienfaits du régime d'Hitler : *Naturschutz im dritten Reich*, Berlin, 1934 et *Naturchutz als Völkische und internationale Kulturaufgabe*, Iena, 1942, qui constituent sans doute les meilleurs commentaires qu'on puisse lire sur la signification de l'écologie nazie aux yeux de ceux qui ont participé à son élaboration. On y trouve notamment une mise en situation des législations par rapport à l'histoire intellectuelle du romantisme allemand.

quelques allusions émanant d'adversaires des Verts, d'autant plus vagues qu'elles s'appuient sur des références de seconde main). Il s'agit pourtant d'une série de textes très élaborés, tout à fait significatifs d'une interprétation néo-conservatrice de ce qui se nommera plus tard « écologie profonde ». Il faut donc les analyser.

Précisons d'abord l'objectif. On a souvent souligné des proximités inquiétantes entre l'amour du terroir qui anime une certaine écologie fondamentaliste et les thèmes fascisants des années 30. Nous avons pu apprécier, dans les chapitres qui précèdent, ce que ces rapprochements pouvaient avoir *parfois* de juste. Mais il faut aussi se méfier de la démagogie qui consiste à jouer sur la sainte horreur qu'inspire à bon droit le nazisme pour disqualifier a priori toute préoccupation écologique. La présence d'un authentique intérêt pour l'écologie au sein du mouvement national-socialiste n'est pas à mes yeux, en tant que telle, une objection pertinente dans un examen critique de l'écologie contemporaine. A ce compte, il faudrait dénoncer comme fasciste la construction d'autoroutes — dont on sait qu'elle fut l'une des priorités du régime hitlérien. La pratique généalogique du soupçon, ici comme ailleurs, n'est pas de mise.

Cela dit, qu'il faut garder à l'esprit, ces grandes législations doivent malgré tout inciter à réfléchir au fait que l'intérêt pour la nature, s'il n'implique pas *ipso facto* la haine des hommes, ne l'interdit pour le moins pas. Avouons-le : la formule d'Hitler qui inaugure la *Tierschutzgesetz* laisse songeur. Avant d'entrer dans le contenu exceptionnel de ces lois, il faut s'interroger sur ce que peut avoir d'inquiétant l'alliance de la zoophilie la plus sincère (elle n'en est pas restée aux paroles, mais s'est incarnée dans les faits) avec la haine des hommes la plus acharnée qu'on ait connue dans l'histoire. Le fait de ne pas se servir de cette constatation dans une polémique hâtive contre toute forme d'écologie ne doit pas non plus interdire de réfléchir à sa signification.

L'amour de la nature, tel que l'écologie profonde nous invite à le pratiquer, s'accompagne, chez les « réactionnaires » comme chez les « progressistes », d'un penchant certain à déplorer tout ce qui dans la culture relève de ce que j'ai nommé ici « l'arrachement » (mais qui pourra aussi être désigné de manière péjorative, si l'on y tient, comme « déracinement ») et en quoi la tradition des Lumières n'a cessé de voir le signe du proprement humain. Toutes les pensées qui font de l'homme un être de *transcendance*, qu'il s'agisse du judaïsme ou du criticisme post-hégéliens par exemple [3], mais encore du républicanisme français, le définissent aussi comme l'être d'anti-nature par excellence. Rien d'étonnant, dans

---

3. L'école de Marbourg, mais aussi la phénoménologie de Husserl pourraient servir ici de références. Avec la notion de « transcendance » ou d'« ek-sistence » comme propre du *Dasein*, Heidegger s'est inscrit lui aussi dans cette tradition, ce pourquoi, du reste, son adhésion au nazisme, bien que profonde et durable, ne fut que *partielle* et ne porta jamais sur le côté « biologiste » et vitaliste de l'idéologie. Que nombre de disciples de Heidegger cherchent aujourd'hui à éradiquer cette pensée du « propre de l'homme », de l'authenticité, par laquelle Heidegger appartient encore (un peu) à la tradition de l'humanisme, est un signe des temps qui ne présage rien de bon.

ces conditions, à ce que ce soit pour tirer sur l'apatride, sur celui qui n'est pas enraciné dans une communauté, que l'hitlérien sorte son revolver quand il entend le mot culture. Rien de surprenant non plus à ce qu'il le fasse en conservant intact l'amour pour le chat ou le chien qui viennent peupler sa vie domestique.

A cet égard, les thèses philosophiques qui sous-tendent les législations nazies recoupent souvent celles que développera la *deep ecology* et ce, pour une raison qu'on ne saurait sous-estimer : dans les deux cas, c'est à une même représentation *romantique et/ou sentimentale* des rapports de la nature et de la culture que nous avons affaire, liée à une commune revalorisation de l'état *sauvage* contre celui de (prétendue) civilisation. Comme n'a cessé d'y insister le biologiste Walther Schoenichen, l'un des principaux théoriciens nazis de la protection de l'environnement, les législations de 1933-1935 constituent l'aboutissement du mouvement romantique, « l'illustration parfaite de l'idée populaire-romantique » *(die Darstellung der völkischromantischen Idee)* [4]. Il est significatif que, malgré son aversion pour les Etats-Unis, cette patrie du libéralisme et de la ploutocratie — répugnance que l'on retrouve aujourd'hui intacte chez nombre de jeunes écologistes allemands —, il reconnaisse un lien de parenté entre l'amour de la « *Wilderness* » et celui « *des Wilden* » : dans les deux cas, à travers des mots

---

4. *Naturschutz als völkische und internationale Kulturaufgabe*, p. 45.

qui témoignent d'une belle origine commune pour désigner la même « *sauvagerie* », c'est une certaine volonté de retrouver la virginité naturelle perdue qui s'exprime. Et Schoenichen salue comme un événement décisif dans l'élaboration d'un rapport correct à la nature la création, au milieu du siècle dernier, des « Parcs nationaux » américains. Il souligne, sans rire, que l'expression même est heureuse, puisqu'elle comporte au moins un mot qui va dans le bon sens[5]...

Les deux idées de nature

Il ne s'agit pas d'accréditer ici l'opinion selon laquelle le nazisme serait la continuation pure et simple du romantisme et, pour ainsi dire, comme le veut Schoenichen, sa réalisation adéquate. Il serait sans nul doute aussi absurde de considérer Hölderlin ou Novalis comme des pères fondateurs du national-socialisme que de voir en Staline le plus fidèle interprète de Marx. Et pourtant, il y a bien au principe des législations nazies la reprise d'un thème, en effet central, de la lutte du sentimentalisme romantique contre le classicisme des Lumières : la vraie nature, qu'il faut à tout prix protéger contre les méfaits de la culture, n'est pas celle qui a été transformée par l'art, et par là même *humanisée*, mais la nature vierge et brute qui

---

5. *Op. cit.*, p. 46.

témoigne encore de l'origine des temps. Il est impossible de comprendre l'écologie nazie si l'on ne perçoit pas qu'elle s'inscrit dans le cadre d'un débat déjà séculaire sur le statut de la naturalité comme telle. Il faut en rappeler brièvement l'enjeu principal, qui est décisif dans ce contexte.

Dès le milieu du XVIIe siècle apparaissent, au fil d'une querelle qui oppose deux écoles esthétiques, celle du classicisme et celle du « sentimentalisme », deux représentations antinomiques de la nature[6]. Or, à travers elles, ce n'est pas seulement du statut de la beauté et de l'art qu'il s'agit, mais bien de nos attitudes philosophiques et politiques à l'égard de la civilisation en général, en tant que le processus d'élaboration de la culture nous éloigne de manière, semble-t-il, irréversible, de l'authenticité supposée des origines perdues. Pour les classiques, dont la patrie d'élection est la France, cet éloignement est salutaire. Bien plus, l'idée d'une nature tout à la fois originaire et authentique n'a *à vrai dire* aucun sens. Voici pourquoi : à partir du cartésianisme et de sa lutte contre l'animisme du Moyen Age apparaît l'idée que la nature véritable n'est pas celle que nous percevons par les sens de façon immédiate, mais celle que nous saisissons par un effort de *l'intelligence*. C'est, selon Descartes, par la raison que nous appréhendons l'essence des choses. Et ce que les classiques français nommeront « *nature* » n'est rien d'autre que cette réalité essentielle qui s'oppose aux

---

6. J'ai analysé ailleurs, dans *Homo Aestheticus* (Grasset, 1990), les termes de ce conflit.

apparences données dans l'immédiateté sensible. C'est ainsi que Molière, qui voulait dans ses comédies « peindre d'après nature », ne nous décrit pas la vie quotidienne des hommes ordinaires, mais trace le portrait *idéal typique* de *caractères essentiels :* l'avare, le misanthrope, le don Juan, l'hypocondriaque, etc.

L'archétype de cette vision « classique » et rationaliste de la nature nous est bien sûr donné dans les jardins à la française. Ils reposent tout entier sur l'idée qu'il faut, pour atteindre l'essence véritable de la nature, ou, pour mieux dire, la « nature de la nature », user de l'artifice qui consiste à la « géométriser ». Car c'est par la mathématique, par l'usage de la raison la plus abstraite, qu'on saisit la vérité du réel. Comme l'a écrit Catherine Kinzler : « le jardin à la française, travaillé, taillé, dessiné, calculé, alambiqué, artificiel et forcé est finalement, si l'on veut aller au fond des choses, *plus naturel* qu'une forêt sauvage... Ce qui est offert à la contemplation esthétique, c'est une nature cultivée, maîtrisée, poussée à bout, plus vraie et plus fragile en même temps parce que l'essentiel ne se dévoile jamais qu'à contrecœur [7] ». Aux yeux des classiques français, le jardin anglais n'est donc pas naturel : dans le meilleur des cas, il s'en tient aux apparences. Il n'atteint pas la vérité du réel. Pis, il peut tourner à l'affectation et au maniérisme, puisqu'il n'incarne ni la nature à l'état brut, ni sa vérité mathématique

---

7. *Jean-Philippe Rameau. Splendeur et naufrage de l'esthétique du plaisir à l'âge classique*, Minerve, Paris, 1983.

essentielle. Quant aux paysages sauvages, la forêt, l'océan, la montagne, ils ne sauraient inspirer qu'un juste effroi aux hommes de goût : le désordre chaotique qui y règne dissimule la réalité. Si l'harmonie des figures géométriques évoque l'idée d'un ordre divin, la nature vierge ne présente à l'esprit que des images païennes, à la limite du diabolique. Telle est d'ailleurs la raison pour laquelle, tout au long de l'âge classique, les Alpes, que nous tenons volontiers aujourd'hui pour un lieu privilégié de tourisme, ne seront perçues que comme un obstacle hideux qu'il est fâcheux d'avoir à traverser[8]. Le beau, dans cette optique, ne saurait être que la présentation *artificielle* d'une vérité de la raison, non la mise en scène des sentiments que peut nous inspirer la restauration d'une origine qu'aurait occultée la civilisation des hommes. On aime la nature dressée, polissée, bref, cultivée et, pour tout dire, *humanisée.*

C'est contre cette vision classique de la beauté que se révolte l'esthétique du sentiment. Loin d'être mathématique, travaillée et humaine, la véritable nature s'identifie à *l'authenticité originaire* dont la culture des sciences et des arts, pour parler comme Rousseau, nous a fait perdre le sens. Le naturel, ici, n'est donc pas l'essentiel, comme chez les classiques, mais ce qui *n'est pas encore dénaturé,* et que l'on nomme « état sauvage ». La forêt, la montagne et

---

8. Voir sur ce point la belle introduction de Robert Legros au journal de voyage du jeune Hegel dans les Alpes, éditions Jérôme Millon, 1988. J'en reprends ici l'une des thèses fondamentales.

l'océan retrouvent leurs droits contre les artifices de la géométrie. Il y a plus : loin que la nature puisse être humanisée par la civilisation — elle ne fait que s'y perdre —, ce sont les hommes qui, malgré leurs prétentions, lui appartiennent de part en part. Ils doivent donc lui rester fidèles. De là, chez Rousseau et les premiers romantiques, l'apologie de ceux qu'on désigne de façon significative comme les « naturels » : ces « Caraïbes » que le goût du luxe et des artifices n'a pas encore corrompus, mais aussi ces « fiers montagnards au cœur pur » que leur isolement même a protégés du mal[9]. C'est ainsi le mythe de l'âge d'or et du paradis perdu qui reprend vie. L'accompagne, comme il se doit, l'inévitable discours sur la « chute », qui annonce le thème antihumaniste du « déclin de l'Occident ».

---

9. Robert Legros a parfaitement décrit la naissance de cette nouvelle sensibilité, en rupture avec le classicisme français : « Cette nature est celle des origines. Elle est " originelle " en ce sens qu'elle n'est pas encore domptée, organisée, disciplinée, soumise. Elle n'est que pureté, innocence, éclosion, élan, fraîcheur, spontanéité... Or, de cette nature " originelle ", à la fois vierge et foisonnante, la montagne nous offre l'image. L'effervescence des fleurs et le débordement des ruisseaux, le jeu des cascades et les herbes folles, la pureté de l'air et la fraîcheur des forêts, voilà la vraie nature, celle qui n'est pas encore dénaturée... Elle ne se manifeste pas seulement dans le paysage alpestre, mais aussi dans les mœurs des montagnards. Vivant en harmonie avec la nature originelle, les habitants des Alpes sont eux-mêmes imprégnés d'un esprit " naturel ", entendons : ils ne sont pas corrompus par la civilisation, déformés par l'artificiel... A travers l'idéal d'une nature originellement pure et généreuse prend forme le mythe d'un âge d'or au sein des montagnes » *op. cit.*, p. 20.

On a souvent souligné combien cette esthétique du sentiment est encore éloignée du romantisme à sa maturité. Ce dernier ne se présente-t-il pas comme une synthèse de l'opposition entre classicisme et sentimentalisme ? La nature y est définie comme « Vie », comme l'union « divine » du corps et de l'âme, de la sensibilité et de la raison. Il n'en reste pas moins que la séparation entre le sentimentalisme et le romantisme est moins nette qu'on ne le dit d'ordinaire : les romantiques conserveront jusque dans leur philosophie de l'histoire l'idée d'un âge d'or perdu, celle, également, que la beauté est bien davantage de l'ordre du sentiment que de la raison.

Ce sont, pour l'essentiel, ces deux thèmes que retiendra l'écologie nazie, en opposant au classicisme français, rationaliste, humaniste et artificialiste, la représentation « *allemande* [10] » d'une nature originaire, sauvage, pure, vierge, authentique et irrationnelle, car accessible aux *seules voies du sentiment.* Cette nature originaire se définit même par son caractère extra-humain en tant que tel. Elle est *hors de l'homme et avant lui :* extérieure à sa raison mathématicienne, et antérieure à l'apparition de la culture artificielle dont la folie et l'orgueil humains sont seuls responsables.

Dans son ouvrage de 1942, consacré à la *Protec-*

---

10. Alfred Bäumler a consacré un chapitre à cette spécificité allemande de l'esthétique du sentiment par opposition au caractère français du classicisme dans son ouvrage sur *Das Irrationalitätsproblem in der Logik und Aesthetik des achtzehnten Jahrhunderts,* réédité à Darmstadt par la *Wissenchaftliche Buchgesellschaft.*

tion de la nature comme tâche culturelle populaire (völkisch) et internationale, Walther Schoenichen précise, dans une perspective nationale-socialiste, en quels termes il convient de comprendre la notion de nature. Ses précisions ne manquent pas d'intérêt : partant de « l'évidence » selon laquelle « le respect des créations de la nature est inscrit dans le sang des peuples du Nord », il commence par déplorer le fait, peu contestable il est vrai, que le mot « nature » renvoie par son étymologie au latin « *natura* ». Origine fâcheuse, trop au sud, presque française, à laquelle Schoenichen préfère aussitôt substituer le mot grec *phuo,* qui signifie « croître, être né », et donne le substantif *phusis,* d'où vient le mot « physique ». Cette opération philologique offre l'avantage de parvenir à la conclusion suivante : « On peut, d'après ce qui précède, tenir pour assuré que le concept de nature désigne au premier chef *des objets et des phénomènes qui se sont faits d'eux-mêmes, sans intervention des hommes.* » Nous sommes ici aux antipodes de la nature « humanisée » des classiques. Et c'est bien là l'essentiel pour Schoenichen, qui insiste sur la valeur et sur la signification de l'étymologie grecque d'après laquelle « le manque, voire l'exclusion, de toute intervention des hommes est le trait absolument caractéristique de la nature ». On pourra donc, puisqu'il le faut, germaniser *(verdeutschen)* le mot nature en parlant à sa place d'*Urlandschaft,* de « terre » ou de « campagne originaire » !

Avec une telle définition, l'écologie nazie établit comme par avance un lien entre l'esthétique du sentiment et ce qui deviendra plus tard le thème central de l'écologie profonde, à savoir l'idée que le monde naturel est *en lui-même digne de respect,* indépendamment de toute prise en considération des êtres humains. C'est dans ce sens que Schoenichen cite avec emphase les textes de Wilhelm Heinrich Riehl qui annoncent la critique des justifications utilitaires, donc *anthropocentristes,* qu'on donne de l'écologie dans une perspective « environnementaliste » : « Le peuple allemand a besoin de la forêt. Et quand bien même nous n'aurions plus besoin du bois pour chauffer l'homme extérieur... il n'en serait que plus nécessaire pour réchauffer l'homme intérieur. Nous devons protéger la forêt, non pas simplement pour que le poêle ne devienne pas froid en hiver, mais pour que le pouls du peuple continue de battre dans une joyeuse chaleur vitale, pour que l'Allemagne reste allemande. » En bonne logique, cette déconstruction du primat des intérêts individuels se conclut par une claire et nette revendication du droit des arbres et des rochers : « Durant des siècles on nous a rebattu les oreilles avec l'idée que c'était un progrès que de défendre le droit des terres cultivées. Mais aujourd'hui, c'est en effet un progrès que de revendiquer les droits de la nature sauvage à côté de ceux des champs. Et pas seulement ceux des terrains boisés, mais aussi des dunes de sable, des marais, des garrigues, des récifs et des glaciers ! »

La critique de l'anthropocentrisme et la revendication des droits de la nature

Elles sont particulièrement présentes dans la loi la plus importante, celle qui touche la protection du règne animal, cette « âme vivante de la campagne » *(die lebendige Seele der Landschaft)* selon la formule de Göring. On y trouve, sous la plume des principaux rédacteurs, Giese et Kahler, une longue et minutieuse analyse des innovations radicales propres à la *Tierschutzgesetz* nationale-socialiste par opposition à toutes les législations antérieures, étrangères ou non, consacrées à la même question. Or, de leur propre aveu, cette originalité tient au fait que, pour la première fois dans l'histoire, l'animal est protégé en tant qu'être naturel, *pour lui-même, et non par rapport aux hommes.* Toute une tradition humaniste, voire humanitariste, défendait l'idée qu'il fallait, certes, interdire la cruauté envers les animaux, mais davantage parce qu'elle traduisait une mauvaise disposition de la nature humaine, voire parce qu'elle risquait d'inciter les êtres humains à la violence, que parce qu'elle portait un préjudice aux bêtes en tant que telles. C'est dans cet esprit que la loi Grammont interdisait en France, depuis le milieu du XIXᵉ siècle, le spectacle *public* de la cruauté envers les animaux *domestiques* (tauromachie, combats de coq, etc.).

Or, si on compare la *Tierschutzgesetz* avec celles qui entrent en vigueur dans les autres pays d'Europe à la fin des années 20, il apparaît, en effet, qu'elle tranche par sa volonté affichée d'en finir avec

194

l'anthropocentrisme [11]. Il faut citer ici la lettre des textes, qui sont d'une exemplaire précision :

> « ... le peuple allemand possède depuis toujours un grand amour pour les animaux et il a toujours été conscient des obligations éthiques élevées que nous avons envers eux. Et pourtant, c'est seulement grâce à la Direction nationale-socialiste que le souhait, partagé par de larges cercles, d'une amélioration des dispositions juridiques touchant la protection des animaux, que le souhait de l'édiction d'une loi spécifique qui *reconnaîtrait le droit que possèdent les animaux en tant que tels à être protégés pour eux-mêmes (um ihrer selbst willen) a été réalisé dans les faits.* »

Deux indices, qui dominent toute l'inspiration de cette nouvelle législation, manifestent son caractère non anthropocentriste. Selon les rédacteurs de la loi (et, sauf exception, dont celle de la Belgique, ils ont raison), dans toutes les autres législations, y compris celles de l'Allemagne avant le national-socialisme, il fallait, pour que la cruauté envers les bêtes soit punie, qu'elle fût *publique et dirigée contre les animaux domestiques.* Par conséquent, les textes juridiques ne constituaient pas « une menace de punition servant la protection des animaux eux-mêmes en vue de les prémunir contre des actes de cruauté et des mauvais traitements », mais ils

---

11. Seule la législation belge du 22 mars 1929 peut lui être comparée, mais l'Angleterre elle-même, pour ne rien dire des pays du sud de l'Europe, ne punit pas la cruauté envers les animaux sauvages.

visaient en vérité « la protection de la sensibilité humaine face au sentiment pénible de devoir participer à une action cruelle envers les animaux ». Il s'agit donc maintenant de réprimer « la cruauté en tant que telle, et non en raison de ses effets indirects sur la sensibilité des hommes ». Le législateur y insiste : « *La cruauté n'est plus punie sous l'idée qu'il faudrait protéger la sensibilité des hommes du spectacle de la cruauté envers les animaux, l'intérêt des hommes n'est plus ici l'arrière-fond, mais il est reconnu que l'animal doit être protégé en tant que tel (wegen seiner selbst).* » Les actes de cruauté commis en privé seront donc désormais aussi répréhensibles que les autres.

Dans le même esprit [12], il convient de dépasser l'opposition, elle-même d'inspiration anthropocentriste, entre les animaux domestiques et les animaux sauvages — par où la législation nazie anticipe de façon novatrice sur les exigences les plus radicales de l'antispécisme contemporain. Tel est l'objet du paragraphe 1 de la loi qui « *vaut pour tous les animaux. Par " animal ", au sens où l'entend la présente loi, on comprendra donc tous les êtres vivants désignés comme tels par le langage courant comme par les sciences de la nature. Du point de vue pénal, on ne fera donc aucune différence, ni entre les animaux*

---

12. On notera cependant que les rédacteurs de la loi se sont refusés à considérer les animaux comme une personne juridique de même rang que le citoyen allemand. Mais il est significatif que la question soit explicitement évoquée et discutée, et que de la réponse négative à lui apporter ne découle pas l'idée que les animaux n'auraient pas de droits *en tant que tels*.

domestiques et d'autres types d'animaux, ni entre des animaux inférieurs et supérieurs, ou encore entre des animaux utiles et nuisibles pour l'homme ». Nous voici donc à l'opposé de la loi Grammont, avec ce texte qui pourrait être signé des deux mains par nos *deep ecologists.*

Sans entrer dans le détail de cette loi, il faut ajouter qu'elle examine avec beaucoup de soin toutes les questions décisives aujourd'hui discutées par les défenseurs du droit des animaux : depuis l'interdiction du gavage des oies, jusqu'à celle de la vivisection sans anesthésie, elle se montre « en avance » de cinquante ans (et même plus) sur son temps.

Il est aussi remarquable que sur deux points, où elle s'avère particulièrement prolixe et minutieuse, la *Tierschutzgesetz* donne encore à penser que l'amour des animaux n'implique pas celui des hommes : un chapitre entier est consacré à la barbarie juive qui préside à l'abattage rituel, désormais prohibé. Un autre consacre des pages inspirées aux conditions d'alimentation, de repos, d'aération, etc., dans lesquelles il convient dorénavant, *grâce aux bienfaits de la révolution nationale en cours,* d'organiser le transport des animaux en train...

La haine du libéralisme : le paradis perdu et le déclin de l'Occident

Le thème de la « chute », de la « déréliction » est omniprésent dans ces lois. A la nature originelle et

197

authentique s'oppose la barbarie destructrice inhérente à l'économie libérale moderne. C'est là ce que souligne d'emblée, en des termes significatifs, le préambule de la *Reichsnaturschutzgesetz* du 26 juin 1935, renouant ainsi avec la vision romantique d'une histoire à trois temps — âge d'or, chute, restauration :

‹ Aujourd'hui comme jadis, la nature, dans les forêts et les champs, est l'objet de la ferveur nostalgique *(Sehnsucht)*, de la joie et le moyen de la régénération du peuple allemand.

Notre campagne nationale *(heimatliche Landschaft)* a été profondément modifiée par rapport aux temps originels, sa flore a été altérée de multiples façons par l'industrie agricole et forestière ainsi que par un remembrement unilatéral et une monoculture des conifères. En même temps que son habitat naturel se réduisait, une faune diversifiée qui vivifiait les forêts et les champs s'est amenuisée.

Cette évolution était souvent due à des nécessités économiques. Aujourd'hui, une conscience claire s'est fait jour des dommages intellectuels, mais aussi économiques d'un tel bouleversement de la campagne allemande.

Avant, on ne pouvait doter qu'avec des demi-mesures les lieux de protection de " monuments naturels " nés au tournant de ce siècle, parce que les conditions politiques et intellectuelles *(weltanchauliche Voraussetzungen)* essentielles faisaient défaut. Seule la métamorphose de l'homme allemand devait créer les préconditions d'une protection efficace de la nature.

Le gouvernement allemand du *Reich* considère comme son devoir de garantir à nos compatriotes, même les plus pauvres, leur part de la beauté naturelle allemande. Il a donc édicté la loi du *Reich* en vue de la protection de la nature... »

Il y aurait beaucoup à dire sur ce texte. On y lit d'abord cette confusion romantique du culturel et du naturel qui seule permet de donner un sens à l'idée d'une « beauté naturelle allemande », ou encore à celle de « monuments naturels » *(Naturdenkmale)* que le paragraphe 3 de la loi devra définir en des termes qui rappellent le projet, cher à l'écologie profonde, d'instituer des zones sauvages en sujets de droit : « Les monuments naturels, au sens où l'entend cette loi, sont des créations originales de la nature dont la préservation relève d'un intérêt public en raison de leur importance et de leur signification scientifique, historique, patriotique, folklorique, ou autre — il s'agit par exemple des rochers, des chutes d'eau, des accidents géologiques, des arbres rares... » La loi prévoira donc la création de « zones naturelles protégées (§4) ».

Mais on y voit surtout que le régime nazi, à l'encontre d'une légende tenace, ne fut pas seulement orienté vers la technique moderne, mais bien, au moins autant, hostile à ce que nous appellerions aujourd'hui la « modernisation » économique, perçue comme destructrice des caractères ethniques particuliers comme de la nature originelle. C'est dans cette perspective que l'on assiste à un véritable « éloge de la différence », à une réhabilitation de la diversité comme telle contre l'unidimentionnalité du monde libéral. Car l'idéologie qui sous-tend le libéralisme, Schoenichen le rappelle dans le contexte de sa défense et illustration de la loi de 1935, se caractérise par « l'influence niveleuse de la culture générale et de l'urbanisation qui refoulent sans cesse davantage l'essence propre et originaire de la nation tandis que la rationalisation de l'économie fait disparaître peu à peu la spécificité originaire des paysages [13] ». Selon un thème qui sera repris autant par la révolution conservatrice que par le gauchisme des années 60, chez Heidegger comme chez Marcuse, chez Alain de Benoist comme chez Félix Guattari, il faut donc apprendre à resingulariser, à redifférencier les groupes et les individus contre le vaste mouvement d'indifférenciation (« d'américanisation ») qui forme la dynamique centrale du Capitalisme mondial. Dans sa version nationale-socialiste, ce motif antilibéral se traduit par l'idée qu'après les deux premiers moments de l'histoire, celui de l'âge d'or et celui de la chute, seule la production d'un homme nouveau *(die Umgestaltung des deutschen Menschen)* ouvrira la voie à la fin de l'histoire, c'est-à-dire à la rédemption qui permettra de renouer avec l'origine perdue. Bien que cela puisse sembler aujourd'hui paradoxal, c'est donc en toute logique que les législations sur la protection de la nature se prolongent dans un tiers-mondisme soucieux de respecter la pluralité (la « richesse et la diversité ») des différences ethniques.

---

13. *Op. cit.*, p. 21.

Le tiers-mondisme et l'éloge de la différence

Seuls l'ignorance et le préjugé nous empêchent de le comprendre : le nazisme renferme, pour des raisons qui n'ont rien de contingent, les prémices d'un authentique souci de préserver les « peuples naturels », c'est-à-dire, là encore, « originels ». Le chapitre que Walther Schoenichen consacre dans son livre à ce sujet n'a pas de mots assez durs pour stigmatiser l'attitude de « l'homme blanc, ce grand destructeur de la création » : il n'a su tailler, dans le paradis qu'il a lui-même perdu, qu'un chemin fait « d'épidémies, de vols, d'incendies, de sang et de larmes[14] ! » : « De fait, l'asservissement des peuples primitifs dans l'histoire " culturelle " de la race blanche en constitue l'un des chapitres les plus honteux, qui n'est pas seulement strié de fleuves de sang, mais de cruautés et de tortures de la pire espèce. Qui plus est, ses dernières pages ne furent pas écrites dans des temps reculés, mais bien au début du XXe siècle. » Et Schoenichen trace, avec beaucoup de minutie du reste, la liste des divers génocides qui ont scandé l'histoire de la colonisation, depuis le massacre des Indiens d'Amérique du Sud jusqu'à celui des Sioux, qui « furent repoussés dans des conditions proprement impensables de cruauté et d'infamie », en passant par celui des Bushmen d'Afrique du Sud. Le cas de ces derniers

---

14. *Idem.*, p. 411.

est particulièrement significatif des méfaits du capitalisme libéral : c'est parce qu'ils n'avaient pas le sens de la propriété qu'ils ont été exterminés. Le gibier ayant disparu dans leur région, ce peuple de chasseurs était contraint de « voler » des chèvres appartenant aux colons. Le mot « voler » doit être mis entre guillemets puisque les Bushmen ignoraient tout de la propriété privée. Et comme on les jetait en prison sans qu'ils comprissent rien à ce qui leur arrivait, ils se laissaient mourir d'inanition : « Ainsi s'éteignit sous nos yeux un peuple intéressant, tout simplement parce qu'une politique exogène imposée aux indigènes ne voulut pas comprendre que ces hommes ne pouvaient pas abandonner d'un jour à l'autre leur vie de chasseurs pour devenir des cultivateurs... »

Ce réquisitoire, rédigé en 1942 par un biologiste nazi qui voit dans la *Naturschutzgesetz* un moyen de remédier à ces méfaits (ne protège-t-elle pas toutes les formes de vie sauvage ?), ne manque pas d'intérêt. Il possède une cible désignée : le libéralisme et, plus particulièrement encore, le républicanisme à la française. Mais il vise aussi un objectif positif : défendre les droits de la nature sous toutes ses formes, humaines et non humaines, du moment qu'elles sont représentatives d'une *originarité (Ursprünglichkeit)*. Sur le premier versant, les attaques de Schoenichen sont très claires. Elles mettent en cause l'avidité du capitalisme. Car dans le contexte d'une autre vision du monde, il « eût été tout à fait possible de trouver un compromis raisonnable entre les prétentions des conquérants et les besoins vitaux des primitifs. C'est au premier chef à la vision du monde libérale que revient la faute d'avoir fait obstacle à une telle solution. Car elle ne reconnaît aucun mobile hors de la rentabilité économique qui avait élevé au rang de principe l'exploitation des colonies au seul profit de la mère patrie ». C'est, bien sûr, l'occasion de fustiger la théorie française de l'assimilation, telle qu'elle est, selon Schoenichen, « directement tirée des principes de la Déclaration des droits de l'homme de 1789 ». C'est ainsi « la vieille théorie libérale de l'exploitation qui a toujours constitué l'arrière-fond de la politique coloniale française, de sorte qu'il n'y avait aucune place pour un traitement des primitifs qui aille dans le sens d'une pensée protectrice de la nature ».

Contre cette vision « assimilationniste » de l'état sauvage, la politique nazie préconise une authentique reconnaissance des différences : « Pour la politique naturelle du national-socialisme, le chemin qu'il faut suivre est bien clair. La politique de répression et d'extermination telle que l'Amérique ou l'Australie nous en fournissent à leur début le modèle sont tout autant hors de question que la théorie française de l'assimilation. Seule convient un épanouissement des naturels qui soit conforme à leur souche raciale propre. » Il faut donc, dans tous les cas de figure, laisser les indigènes se développer d'eux-mêmes. Seule recommandation, évidente selon Schoenichen, « du point de vue d'une vision du monde national-socialiste » : l'interdiction des mariages mixtes, justement parce qu'ils impliquent la disparition des différences et l'uniformisation du genre humain. Aujourd'hui comme hier, l'extrême droite ne cessera de fustiger le métissage sous toutes ses formes, en assignant pour tâche à l'écologie « la défense de l'identité », c'est-à-dire « la préservation du milieu ethnique, culturel et naturel » des peuples — à commencer, cela va de soi, par le sien propre : « Pourquoi se battre pour la préservation des espèces animales et accepter, dans le même temps, la disparition des races humaines par métissage généralisé [15] ? » En effet...

Comme l'esthétique du sentiment et l'écologie profonde qui, elles aussi, réhabilitent les peuples sauvages, montagnards ou Amérindiens, la conception nationale-socialiste de l'écologie fait une large place à l'idée que les *Naturvölker*, les « peuples naturels », parviennent à une parfaite harmonie entre le milieu et les mœurs. C'est même là le signe le plus certain de leur supériorité sur le monde libéral du déracinement et de la mobilité perpétuelle. Leur culture, semblable au mode de vie des animaux, n'est que le prolongement de la nature, et c'est cette réconciliation idéale que la modernité issue de la Révolution française a détruite et qu'il s'agit enfin de restaurer.

---

15. Bruno Mégret, intervention au colloque organisé par le Front national sur l'écologie, novembre, le 2 novembre 1991.

De la nature comme trait culturel et de la culture comme trait naturel

C'est ainsi l'unité de la nature et de la culture dans la vie de la nation allemande qu'il faut restituer, chaque terme passant dans son contraire pour y trouver sa vérité, selon un motif romantique qui refuse de séparer, comme y invitait la pensée des Lumières, le culturel du naturel. Les auteurs de la loi sur la chasse du 3 juillet 1934 ne manquent pas de le préciser dans leur introduction : « Le développement biséculaire du droit allemand de la chasse a atteint un dénouement d'une très grande portée pour le peuple et le *Reich* allemands. Cette loi n'a pas seulement permis de dépasser l'état d'éclatement du droit allemand qui se reflétait jusqu'alors dans vingt lois régionales différentes et de parvenir ainsi à l'unité juridique, mais elle s'est aussi donné pour tâche la conservation du gibier *(des Wildes) comme étant un de nos biens culturels les plus précieux* ainsi que l'éducation du peuple en vue de l'amour et de la compréhension de la nature et de ses créatures. » La nature sauvage *(das Wilde)* est définie comme un « bien culturel » de l'Allemagne, non comme une donnée précédant toute civilisation. Réciproquement, l'amour de la nature, trait culturel s'il en est, est présenté comme s'enracinant depuis des temps immémoriaux dans la constitution biologique propre à la germanité :

« L'amour de la nature et de ses créatures ainsi que le plaisir de la chasse dans la forêt et les champs

205

s'enracinent au plus profond du peuple allemand. C'est ainsi que le noble art de la vénerie allemande s'est développé au fil des siècles en s'adossant à une tradition germanique immémoriale. Il faut préserver à jamais pour le peuple allemand la chasse et le gibier comme étant des biens précieux du peuple. Il faut approfondir l'amour de l'Allemand pour le terroir national, renforcer sa force vitale et lui apporter le repos après le travail du jour. »

Pêche, chasse et tradition, en somme... Précisons aussitôt que le but de la loi n'est pas seulement d'apporter l'unité juridique du culturel et du naturel, mais aussi de la situer dans le cadre d'une authentique réflexion écologique. Il faut donc *limiter* le droit de chasse de façon qu'il s'accorde avec des exigences bien comprises d'une préservation du milieu naturel. En ce sens, la loi de 1934 est sans nul doute la première à redéfinir le rôle du chasseur en termes modernes. Selon un motif destiné à une longue postérité, de simple prédateur, il devient ainsi l'un des artisans majeurs de la protection de l'environnement, voire d'une restauration de la diversité originelle, sans cesse menacée par l'uniformisation moderne :

« Le devoir d'un chasseur digne de ce nom n'est pas seulement de chasser le gibier, mais aussi de l'entretenir et de le soigner afin que naisse et se préserve une situation du gibier plus saine, plus forte et plus diversifiée quant aux espèces. »

La sixième section de la loi est consacrée à la mise en place des limitations du droit de chasse, limitations qui tiennent non seulement aux exigences de la sécurité, de l'ordre public, ou même à la nécessaire protection du paysage, mais aussi à l'impératif « d'éviter la cruauté envers les animaux ». C'est au nom de cette volonté chère au cœur d'Hitler lui-même que certains types de chasse utilisant des pièges douloureux sont prohibés. La *Reichsjagdgesetz* s'avère être ainsi la pièce maîtresse du dispositif écologiste national-socialiste : avec elle l'homme est posé, non plus comme maître et possesseur d'une nature humanisée et cultivée par ses soins, mais comme *responsable* d'un état sauvage originaire doté de droits intrinsèques dont il lui appartient de préserver à jamais la richesse et la diversité.

III

L'ÉLOGE DE LA DIFFÉRENCE
OU LES AVATARS DU GAUCHISME.
LE CAS DE L'ÉCOFÉMINISME

L'amour de la diversité, le souci de préserver pour elle-même la variété des espèces naturelles comme des cultures traditionnelles ne sont plus aujourd'hui l'apanage d'une extrême droite romantique. Le rejet de l'uniformité propre aux Temps modernes, le mépris pour la consommation de masse, la critique de l'universalisme cosmopolite sont même devenus plutôt « de gauche ». Jadis, la revendication d'un droit à la différence se situait clairement dans l'orbite de la Contre-Révolution : face à l'abstraction formelle de la « grande Déclaration », les premiers « nationalistes » réclamaient le retour à la tradition du droit des Anglais, des Français, des Italiens... bref, de chaque communauté *concrète* et *particulière*. Comment cet attachement aux héritages singuliers, cet amour du « chez soi » qui s'affichaient sans fard sous les auspices de la « réaction » ont-ils pu se ranger sous la bannière du « progressisme » ?

La réponse ne fait guère de doute. Elle tient au poids de l'histoire, plus qu'à la logique des idées. Elle peut se formuler d'un mot : décolonisation. La conquête des peuples du tiers monde était-elle inscrite dans la logique de l'universalisme républicain ? Etait-ce au contraire une trahison de ses principes les plus nobles ? Tout bien pesé, la réponse importe assez peu au regard de l'histoire, même si elle reste essentielle sur un plan philosophique. Quoi qu'on en pense, en effet, l'opinion s'est imposée que l'idée républicaine dissimulait le pire : une impérieuse volonté d'assimilation, voire d'éradication des différences. Il suffit de voyager aujourd'hui dans les pays du Maghreb pour savoir que la moindre allusion à l'idéal laïque et démocratique tel qu'il s'est élaboré en Europe risque toujours d'apparaître comme l'effet d'un ethnocentrisme de mauvais aloi. Pour le meilleur parfois, mais souvent pour le pire, nous sommes entrés dans l'ère du soupçon généralisé à l'égard des « Lumières ». Du même coup, l'idéologie du droit à la différence a cessé d'être ou de paraître « réactionnaire » pour s'identifier à l'aspiration toute naturelle des colonisés à une singularité bafouée par l'impérialisme européocentriste.

Ce n'est donc plus la nostalgie de l'Ancien Régime qui s'exprime dans la volonté de restaurer les identités communautaires des nations soudées par « l'esprit des peuples » hostile à l'esprit géométrique des jacobins. C'est au contraire la parole des opprimés, des « damnés de la terre », qui réclame l'accès à une culture que le colonisateur a tout fait pour anéantir. « Nos ancêtres les Gaulois » ne font plus recette à Dakar ou à Kairouan... D'où le formidable paradoxe dont nous sommes loin d'être quittes : le repli sur soi, le communautarisme et le nationalisme les plus extrêmes ont pris la forme de la révolution ! Et le processus, rodé dans le tiers monde, se prolonge aujourd'hui dans la lutte de

210

certaines républiques de l'Est contre les restes de l'ancien empire soviétique. Partout, c'est le même cri qui retentit : soyez de bons musulmans, de bons Tchèques ou de bons Slovaques, mais aussi de bons Français et, comme en 1914, de bons Allemands... Et nul ne peut dire, au juste, si l'exhortation est « de droite » ou « de gauche ». Seules l'histoire et la sociologie permettent de trancher entre des thèses qui tendent, ici et là, chez les anciens opprimés comme chez les nouveaux fascistes, à se confondre. Le mal radical serait le métissage et l'universalisme de pacotille qui dominent l'univers de la technique, de la culture et de la consommation de masse. Un seul mot d'ordre, à l'extrême droite comme à l'extrême gauche : il faut apprendre à « resingulariser » les modes de vie, à les redifférencier, contre « l'unidimensionnalité » du monde moderne.

Quoi qu'il en soit de ces chassés-croisés, et même s'il convient d'être attentif aux cheminements par lesquels des idées passent d'un extrême à l'autre, il faut bien admettre qu'en fin de parcours, les discours différencialistes se ressemblent. L'amour de l'environnement en donne aujourd'hui la preuve éclatante : car l'éloge de la différence, omniprésent dans les législations nazies, se retrouve presque mot pour mot dans les versions les plus « avancées » de l'écologie profonde. Soyons clairs : il ne s'agit pas, par un tel rapprochement, de suggérer que le gauchisme et le fascisme sont des idéologies similaires. Ce serait, si l'on ose dire, faire injure aux deux. Il est absurde et simplement injuste d'assimiler, comme on le fait trop souvent aujourd'hui par goût de la polémique, le parti des Verts à celui de

Vichy. Méfions-nous de ce type d'anathème dont la victime sort à tout coup victorieuse : chacun sent bien que ce qui est excessif est insignifiant.

Il n'en demeure pas moins que le projet, en soi légitime, de préserver certaines identités communautaires s'accompagne parfois de dérapages d'autant plus inquiétants qu'ils n'ont rien d'accidentel, inscrits qu'ils sont au cœur d'une philosophie de la différence. C'est là ce dont témoigne, parmi tant d'autres, un texte rédigé en décembre 1985 par Jean Reynaud et Gérard Monnier-Besombes, député vert européen, en vue d'ouvrir au sein du Parti le débat sur l'immigration. Il mérite à cet égard toute notre attention :

> « Il y aurait quelque *incohérence* de la part des écologistes à réclamer la sauvegarde et la promotion des cultures régionales sans, par ailleurs, prendre en compte la présence de fortes minorités allogènes.
>
> Visiter la Bretagne serait frustrant si l'on devait à chaque pas tomber sur un Suisse ou un Croate, ne plus retrouver, même mêlé à d'autres composantes, un peuple *(ein Volk!)* en étroite symbiose avec la terre *(ein Land!)* qu'il habite, à laquelle il est attaché, dont il est capable de faire vivre le patrimoine linguistique, culturel, architectural[1]. »

Passons sur les références au jargon nazi, qui sont du meilleur goût. L'important, dans cette déclara-

---

1. Le texte complet de cette intéressante contribution m'a été confié par J. F. Bizot, le directeur de la revue *Actuel*, à l'occasion du procès qu'ont intenté (et perdu !) contre lui certains membres des Verts, scandalisés qu'on les traite publiquement de fascistes.

tion, ce qui lui donne l'allure d'un véritable aveu, c'est que ses auteurs y insistent eux-mêmes sur *l'incohérence* qu'il y aurait à défendre une position différencialiste sans en tirer les conséquences logiques quant à l'immigration. Car du point de vue d'une exigence de pureté, sinon de la race, du moins de la culture, le mélange excessif du Breton, du Croate et du Suisse est à l'évidence intolérable !

Cette doctrine est fort bien précisée dans un autre « document » qui, pour être d'Antoine Waechter, aurait pu, à la virgule près, recueillir la signature d'un Walther Schoenichen. Qu'on en juge :

> « Les civilisations sont à l'image des territoires vivants dans lesquels elles plongent leurs racines : diverses. Cette diversité culturelle est menacée comme la diversité biologique, parce que certaines civilisations, convaincues de leur supériorité, prétendent occuper tout l'espace en déclarant leurs valeurs universelles. (...) L'attachement à une communauté identifiée par son parler, ses traditions, ses savoir-faire, son histoire, l'amour d'un territoire qui exprime, par ses paysages, l'âme de cette communauté, est une dimension fondamentale de la personne humaine. Le déracinement est un drame, une source de déstabilisation psychologique et de difficultés existentielles. Le premier droit fondamental de la personne est de posséder une identité et celle-ci se confond avec celle du groupe humain auquel il appartient[2]. »

---

2. *Dessine-moi une planète*, p. 161.

Evitons, là encore, un mauvais procès : nul ne peut sérieusement suspecter Waechter de sympathie pour le fascisme. La question n'en est que plus pressante : pourquoi, dans ces conditions, une telle proximité avec certains de ses thèmes les plus essentiels ? Pourquoi parler ainsi de « l'âme d'une communauté », assimiler la culture à la vie, nier le primat de l'autonomie individuelle au profit des appartenances communautaires, faire l'apologie des racines et du terroir contre l'universalisme abstrait de cette « République de Jules Ferry qui interdisait l'usage du parler maternel en même temps que les signes distinctifs des identités régionales... » ? Pourquoi, encore, cette concession marquée à l'idéologie du « sang et du sol » : « Une communauté culturelle ne peut s'épanouir que sur un sol où s'effectue la continuité des générations et où son identité prend la forme concrète et visible d'un paysage à nul autre semblable. » Que dire des « apatrides » et des « déracinés » qui ne répondent pas à ces exigences ? Que dire encore de tous les aspects par lesquels la culture moderne refuse de s'*enraciner*, de se fonder sur les certitudes de l'héritage ou de se reconnaître dans un quelconque terroir ? Que vaut l'éloge des différences lorsqu'il prend la forme d'une revendication aussi platement nationaliste ou communautariste ?

Et qu'on n'aille pas crier ici à l'exagération, subodorer une mauvaise rhétorique de l'hyperbole par laquelle des citations extraites de leur contexte seraient habilement montées en épingle. Car « l'éloge de la diversité », pour reprendre le titre d'un chapitre du dernier livre de Waechter, est bien

214

au cœur du dispositif intellectuel de l'écologie fondamentale. On peut le lire chez Bill Devall[3] comme chez Hans Jonas, Aldo Leopold ou Felix Guattari. On objectera, c'est l'évidence, qu'un tel éloge n'a, en soi, rien de choquant et qu'en effet, l'unidimentionnalité et l'uniformité sont des dangers réels du monde de la technique, surtout dans un pays de tradition jacobine comme l'est la France. Voire... C'est là qu'un minimum de précision philosophique s'impose. Car le respect des différences peut se concevoir sur des modes très divers. Et si nul ne souhaite une Europe dans laquelle la diversité des cultures nationales disparaîtrait à jamais au profit d'une standardisation des modes de vie « à l'américaine », il n'est pas clair, pour autant, que la solution se trouve dans la valorisation en soi et pour soi du « dissensus » comme tel — surtout s'il est censé trouver son origine dans une vision communautariste des rapports entre les hommes.

Telle est pourtant la thèse que nous propose une version « ultra-gauche » de l'écologie radicale. On la trouve au mieux formulée dans les écrits que Felix Guattari a consacrés à l'écologie après son adhésion, en 1985, au parti d'Antoine Waechter. Dans un article rédigé en collaboration avec Dany Cohn-Bendit, il énonce son programme sur un mode qui offre au moins le mérite de la clarté :

---

3. « La diversité est intrinsèquement désirable, à la fois sur un plan culturel et comme principe de santé et de stabilité des écosystèmes », *loc. cit.*, p. 312.

« Le but n'est pas de parvenir à un consensus approximatif sur quelques énoncés généraux couvrant l'ensemble des problèmes en cours, mais, tout au contraire, de favoriser ce que nous appelons une culture de dissensus œuvrant à l'approfondissement des positions particulières et à une resingularisation des individus et des groupes humains. Quelle ineptie que de prétendre accorder sur une même vision des choses : les immigrés, les féministes, les rockers, les régionalistes, les pacifistes, les écologistes et les passionnés d'informatique ! Ce qui doit être visé, ce n'est pas un accord programmatique gommant leurs différences [4]. »

Oserai-je l'avouer ? Je ne vois pas ce qu'il y a d'inepte à rechercher l'accord, ni en quoi une telle visée est inéluctablement destructrice des différences. En revanche, il me semble que dans la perspective qui est celle de Guattari, ce sont toutes les valeurs de la *res publica*, cet espace public au sein duquel seul il est possible de construire librement, par la discussion et l'argumentation, le *consensus* de la loi et de l'*intérêt général*, qui sont bel et bien balayées au profit d'un discours que la nouvelle droite pourrait récupérer sans la moindre difficulté. Car si les différents groupes humains et les différentes cultures ne peuvent *ni ne doivent* chercher à communiquer entre eux, si toute référence à des valeurs communes n'est que tyrannie et violence de l'universel, il n'y a plus guère de choix : nous

---

4. « Contribution pour le mouvement », in *Autogestion, l'Alternative* (hebdomadaire du PSU), novembre 1986.

assisterons, comme dans certains pays de l'Est, à la dissolution de l'idée même de république, au profit d'un retour à la vision romantique de communautés viscéralement closes sur elles-mêmes, incapables de dépasser leurs singularités ataviques pour entrer en communication avec autrui [5].

Nul hasard, dans ces conditions, si l'éloge de la différence, ainsi compris en un sens antirépublicain, en vient à se couler dans des formules qui sont à la limite, sinon du racisme, du moins du racialisme. Ecoutons encore Guattari :

« Les divers niveaux de pratique, non seulement n'ont pas à être homogénéisés, raccordés les uns aux

---

5. De là une véritable aversion pour la « discussion » qui s'exprime chez Deleuze et Guattari dans leur dernier livre, *Qu'est-ce que la philosophie ?*. On y lit que les théoriciens de l'éthique de la communication (cela vise au premier chef Jürgen Habermas, mais pas seulement lui...) s'épuisent « dans la recherche d'une opinion universelle libérale comme consensus sous lequel on retrouve les perceptions et affections cyniques du capitalisme » ! Habermas appréciera... Dans l'entretien accordé au *Nouvel Observateur* pour la sortie du livre (eh oui, il faut bien sacrifier quand même aux lois du genre et se rendre aux impératifs de la « communication »), on trouve encore ceci, qui laisse rêveur : « Discuter est un exercice narcissique où chacun fait le beau à son tour : très vite, on ne sait plus de quoi on parle. Ce qui est très difficile, c'est de déterminer le problème auquel telle ou telle proposition répond. Or si l'on comprend le problème posé par quelqu'un, on n'a aucune envie de discuter avec lui : ou bien on pose le même problème, ou bien on en pose un autre et on a plutôt envie d'avancer de son côté. Comment discuter si l'on n'a pas un fonds commun de problèmes et pourquoi discuter si l'on en a un ? » En effet...

autres sous une tutelle transcendante, mais il convient de les engager dans des processus *d'hétérogénèse*. Jamais les féministes ne seront assez impliquées dans un devenir-femme, et il n'y a nulle raison de demander aux immigrés de renoncer *aux traits culturels qui collent à leur être ou bien à leur appartenance nationalitaire*[6]. »

Des « traits culturels qui collent à leur être » : version « de gauche » du « délit de faciès » ? Pour Guattari comme pour Schoenichen, la culture est une réalité ontologique, pas une abstraction : elle est inscrite dans l'être des hommes, au même titre que leur état biologique — ce pour quoi il importe avant tout de renoncer au projet républicain de l'intégration. C'est sur ce mode, encore, que l'idéologie du droit à la différence en vient à faire le lien entre l'écologie et le féminisme — du moins entre une certaine écologie et un certain féminisme. Car une autre tradition de pensée, celle de l'existentialisme, nous proposait une façon diamétralement opposée de concevoir la dignité des femmes. Il faut ici en rappeler le principe si l'on veut percevoir pleinement les enjeux d'un débat qui peut à juste titre être considéré comme exemplaire d'une approche différencialiste de la nature en même temps que d'une version ultra-gauchisante de l'écologie profonde.

Dans *L'existentialisme est un humanisme*, Sartre a consacré quelques pages d'une simplicité et d'une profondeur lumineuses à la question classique de la « nature humaine ». Sans le savoir — il n'était guère

---

6. *Les trois écologies*, Galilée, 1989, p. 46.

porté sur l'histoire de la philosophie — il y retrouve les intuitions fondamentales de Rousseau et de Kant quant à la différence entre animalité et humanité : l'homme est par excellence l'être d'anti-nature, le seul qui soit capable de ne pas être de part en part déterminé par les conditions naturelles qui lui sont faites à sa naissance. Ce pour quoi, selon Sartre, il n'y a pas à proprement parler de « nature humaine ». Evitons d'emblée un malentendu trop fréquent : il ne s'agit pas de nier le fait, au demeurant peu contestable, que nous vivons dans un corps, masculin ou féminin, dans une nation, une culture, un milieu social particuliers qui possèdent sur nous une influence considérable. Il est clair que je ne choisis pas davantage ma sexualité que ma langue maternelle. Je les reçois, pour ainsi dire, de l'extérieur et tout ne relève pas, c'est l'évidence, de l'autonomie : il serait tout simplement absurde d'assigner à notre liberté la tâche impossible d'éradiquer une telle extériorité.

Il n'en reste pas moins qu'en toute rigueur, nous pouvons, bien plus, nous devons opérer une distinction entre une simple *situation* factuelle, fût-elle intangible comme l'est l'appartenance à l'un des deux sexes, et une *détermination* par laquelle nous sommes en quelque sorte façonnés hors de toute activité volontaire. Car à la différence de l'animal, qui est de part en part soumis au code naturel de l'instinct propre à son espèce plus qu'à son individualité, les êtres humains ont la possibilité de s'émanciper, voire de se révolter contre leur propre nature. C'est même par là, c'est-à-dire en s'arrachant à l'ordre des choses, qu'ils témoignent d'une authentique humanité et accèdent simultanément aux sphères de l'éthique et de la culture. L'une comme l'autre, en effet, relèvent de cet effort antinaturel pour construire un univers proprement humain. Il n'est rien d'aussi peu naturel que le règne du droit comme il n'est rien d'aussi peu naturel que l'histoire des civilisations : l'un comme l'autre sont inconnus des plantes et des animaux. On peut dire, avec Spinoza, qu'il est dans la nature des gros poissons de manger les plus petits. Il est à craindre, certes, qu'il n'en soit parfois, voire souvent de même, *mutatis mutandis,* chez les êtres humains et qu'ils ne soient enclins, justement *par nature,* à céder au règne de la force. Mais ce n'est point là ce qu'on attend d'eux sur un plan éthique et culturel, et cette attente n'aurait pas lieu d'être si nous ne supposions chez eux la faculté de résister aux penchants de la nature et de ne pas laisser ainsi une *situation se transformer en détermination.*

C'est cette définition de l'homme — de l'être humain — que Simone de Beauvoir mobilise dans *Le Deuxième Sexe.* S'interrogeant sur les conditions dans lesquelles l'émancipation des femmes pourrait avoir lieu, elle précise à juste titre qu'un tel « problème n'aurait aucun sens si nous supposions que pèse sur la femme un destin physiologique, psychologique ou économique [7] ». Si l'on voue les femmes à l'immanence, si on leur refuse la possibilité de transcender la nature, leur nature y compris, et qu'on les tient pour liées de toute éternité à la vie

---

7. *Le Deuxième Sexe,* Gallimard « Folio-Essais », p. 32.

domestique à laquelle les destine, semble-t-il, la biologie, nous les réduisons à l'animalité. Mais, comme le souligne Elisabeth Badinter, dans une perspective assez proche, « la sacro-sainte nature est aujourd'hui manipulée, modifiée et défiée au gré de nos désirs[8] ». De là un féminisme humaniste (il refuse de confondre humanité et animalité), égalitariste (les femmes ne sont pas plus rivées que les hommes aux déterminations de la nature), et républicain (c'est en s'arrachant à la sphère des déterminations particulières de la nature en général que l'on s'élève à l'universel de la culture et de l'éthique).

C'est là, bien sûr, une perspective que les philosophies de la différence ne sauraient tolérer. Il est significatif à cet égard que l'écologie radicale et le féminisme différencialiste se soient rejoints sous la bannière de « l'écoféminisme » pour mener le combat contre cet existentialisme républicain. La polémique, comme on va voir, ne manque pas d'intérêt.

Mais d'abord, qu'entend-on outre-Atlantique par « écoféminisme » ? Le terme apparaît pour la première fois en 1974[9] sous la plume de Françoise d'Eaubonne. Il sera bien vite repris aux Etats-Unis où, comme il se doit, il va faire fortune. De quoi s'agit-il ? De l'idée, simple en son principe, selon laquelle il existerait un lien direct entre l'oppression des femmes et celle de la nature, de sorte que la défense des unes et celle de l'autre ne sauraient être séparées sans dommage. D'où la définition que

---

8. *L'un est l'autre*, Livre de Poche, p. 315.
9. Cf. George Sessions, *The deep ecology movement*, p. 115.

propose l'une des protagonistes du mouvement, Karen J. Warren :

« J'utilise le terme d'écoféminisme pour désigner une position fondée sur les thèses suivantes : 1) Il existe des liens importants entre l'oppression des femmes et celle de la nature ; 2) comprendre le statut de ces liens est indispensable à toute tentative de saisir adéquatement l'oppression des femmes aussi bien que celle de la nature ; 3) la théorie et la pratique féministes doivent inclure une perspective écologiste ; 4) les solutions apportées aux problèmes écologiques doivent inclure une perspective féministe [10]. »

Au premier abord, on pourrait croire qu'avec un tel programme l'écoféminisme se rapproche de l'écologie profonde. Les deux mouvements ne procèdent-ils pas d'un commun rejet de la civilisation occidentale, tout entière orientée par une visée de domination et de maîtrise ? Ne s'opposent-ils pas dans cette mesure, l'un comme l'autre, à l'environnementalisme de type réformiste ? Tout cela est juste. Et pourtant, l'écoféminisme va se révéler assez hostile sur un point à l'écologie profonde. Selon les écoféministes, en effet, les *deep ecologists* commettent l'erreur de mener leur combat contre « l'anthropocentrisme en général ». Or, ce qui est en cause, ce n'est pas le fait que le monde occidental soit « centré sur l'humanité », ce n'est pas sa « *human centerd-*

---

10. « Feminism and ecology », *Environmental Ethics*, Vol. 9, 1987.

ness », mais sa « *male centerdness* », le fait qu'il soit « centré sur les mâles ». Une écologie vraiment « profonde » devrait donc dépasser celle qui porte encore aujourd'hui ce nom trop prestigieux pour elle et prendre enfin en compte la seule question qui vaille : comment décrire les liens qui unissent la domination des femmes et celle de la nature *par les mâles ?* La déconstruction de la tradition humaniste, qui est certes revendiquée dans les deux cas, ne pourra donc s'accomplir pleinement si l'on ne perçoit pas comment la critique de l'anthropocentrisme doit faire place à celle de *l'androcentrisme.* Tel est le *leitmotiv* de ce nouvel intégrisme qu'on trouve exposé, notamment, dans un article d'Ariel Kay Salleh, au titre fort significatif : *Deeper than deep ecology : the ecofeminist connection (Plus profond que l'écologie profonde : la « connection » écoféministe) :*

> « Il y a bien (dans l'écologie profonde) un effort pour repenser la métaphysique, l'épistémologie et l'éthique occidentales... Mais cet effort reste prisonnier d'un idéalisme clos sur lui-même, parce qu'il échoue à affronter la question, en effet inconfortable, des origines psychosexuelles de notre culture et de sa crise (...) Le mouvement de l'écologie profonde n'aboutira pas vraiment tant que les hommes n'auront pas le courage de redécouvrir et d'aimer la femme qui est en eux[11]. »

Car la thèse de Salleh, qui est représentative de l'ensemble du mouvement, est que la haine des

---

11. *Environmental Ethics*, Vol. 6, 1984, p. 339 sqq.

femmes, qui génère *ipso facto* celle de la nature, est l'un des principaux ressorts régissant l'action des hommes (des « mâles ») et, par là même, l'ensemble de la culture occidentale/patriarcale.

Il serait erroné de croire, ce qu'on aura peut-être tendance à faire « vu d'Europe », qu'il s'agit, là encore, d'une simple fantaisie, d'une de ces hyperboles caractéristiques du fonctionnement des groupuscules, comme nous en avons tant connu nous-mêmes dans les années 60. Car l'écoféminisme commence à occuper une place non négligeable au sein du féminisme américain, et au-delà : il est omniprésent dans les universités où il contribue puissamment à faire régner la terreur intellectuelle exercée au nom du « politiquement correct » et de ce droit à la différence qui se prolonge volontiers dans la revendication d'une différence de droits[12]. Il a déjà suscité une abondante littérature qui fait apparaître des positions très diverses, sur la base du programme commun qu'on vient d'évoquer.

Pour tenter de clarifier ces débats et cerner avec quelque précision en quel sens l'écoféminisme culmine lui aussi dans un éloge de la différence, on en repérera d'abord les trois tendances fondamentales[13]. Elles tiennent au fait que l'origine et le lien entre l'exploitation des femmes et celle de la nature peuvent trouver leur explication dans trois

---

12. L'*affirmative action* n'est pas une simple vue de l'esprit, mais une pression bien réelle dans les universités américaines.

13. Je reprends ici la typologie proposée par Val Plumwood dans « Ecofeminism. An overview and discussion of positions and arguments », *Australian Journal of philosophy*, juin 1986.

directions philosophiques parfois divergentes. La première fait remonter cette double oppression à l'apparition du *dualisme,* la deuxième au *mécanisme,* et la troisième l'enracine directement dans les *différences psychosociologiques entre les sexes.*

L'explication par le dualisme offre le mérite de la simplicité. Voici comment elle se présente selon la formulation, assez suggestive, qu'en donne Val Plumwood dans un article qui tente une synthèse des divers aspects de l'écoféminisme :

« Dans la perspective de l'écoféminisme, la pensée occidentale s'est caractérisée par une série de dualismes qui, liés les uns aux autres, se renforcent mutuellement et renferment les concepts clefs pour la compréhension de la structure sociale. On peut présenter certains d'entre eux de la façon suivante (sans que cette liste puisse prétendre à l'exhaustivité) :

SPHÈRE 1	SPHÈRE 2
Mentalité (intellect, esprit, rationalité)	Physicalité (corps, nature, matière)
Humain	non-humain, animal
Masculin	nature féminine
Produit de manière culturelle et historique	Produit naturellement
Production	Reproduction
Public	Privé
Transcendance	Immanence
Raison	Émotion »

Il faut bien sûr ajouter que ces dichotomies, pour former la racine de l'exploitation femme/nature, doivent encore être interprétées d'une triple façon. D'abord comme les indices d'une hiérarchie : l'esprit vaut mieux et plus que le corps, l'humain que le non-humain, le masculin que le féminin, etc. Ensuite, dans le sens d'une instrumentalisation de la sphère n° 2 au profit de la première : l'homme (le mâle) est ainsi légitimé à utiliser la femme, la nature, les animaux, etc. pour ses fins propres. Enfin, chacun des termes en présence doit être compris comme le signe d'une polarité irréductible, ceux de la sphère n° 1 définissant seuls ce qui est considéré comme authentiquement humain.

Or, c'est bien une telle grille de lecture qui domine, selon les écoféministes, la pensée occidentale depuis Platon au moins, et qui se maintient jusqu'à nous à travers la tradition chrétienne, le cartésianisme, la philosophie des Lumières, le libéralisme de la Déclaration des droits de l'homme, la Révolution française, etc., chacune de ses étapes pouvant être analysée comme un moment dans la constitution de l'idéologie patriarcale qui prévaut aujourd'hui.

L'explication du phénomène de la domination par l'émergence, à partir du XVIᵉ siècle, d'une pensée mécaniste, en rupture avec la vision ancienne du monde comme *cosmos organisé*, semble s'opposer à celle qui invoque le dualisme. Selon Carolyn Merchant, dont le livre *The Death of nature (La mort de la nature)* peut être considéré comme un modèle du genre, c'est avec la seule modernité que l'identification de la femme à la nature deviendrait péjorative. Car chez les Anciens, et encore au Moyen Age, « la métaphore faisant le lien entre le moi, la société et le cosmos était celle de l'organisme [14] ». Or le propre de l'organisme est qu'en lui, *toutes les parties sont interdépendantes* de sorte qu'aucune d'entre elles ne peut être dévalorisée sans que l'ensemble tout entier en pâtisse. C'est cette relation positive de réciprocité que détruisent les temps modernes [15].

On peut bien sûr discuter cette périodisation : du point de vue du premier groupe d'écoféministes, elle manque le fait que le dualisme de l'âme et du corps est déjà présent chez les Anciens eux-mêmes, par exemple chez Platon. Mais on pourrait aussi répondre que Platon n'est pas représentatif de l'Antiquité qui, pour l'essentiel, c'est vrai, adopte une vision organistique de l'univers. Quoi qu'il en soit de ce débat, les écoféministes s'accorderont sans difficulté pour reconnaître que la naissance, avec le monde moderne, d'une rationalité instrumentale de type

---

14. *La mort de la nature. Les femmes, l'écologie et la révolution scientifique*, Harper and Row, 1980, p. 1.

15. « L'émergence du mécanisme jeta les bases d'une nouvelle synthèse entre le cosmos, la société et l'être humain, synthèse construite comme un système ordonné de parties mécaniques sujettes à être gouvernées par des lois et prédictibles par le raisonnement déductif. Un concept nouveau du moi entendu comme le maître rationnel de passions domiciliées dans un corps/machine, vint prendre la place de l'ancienne conception du moi comme partie intégrante d'une étroite harmonie entre des parties organiques elles-mêmes unifiées avec le cosmos et la société. C'est donc le mécanisme qui fit de la nature une nature morte, inerte et manipulable du dehors... »

cartésien ne fait qu'aggraver les dualismes déjà présents dans les traditions antérieures. En ce sens, l'explication par le mécanisme n'est pas aussi opposée à la première qu'on l'a parfois laissé entendre [16].

La troisième position nous conduit au cœur de notre sujet. Elle réside dans le projet de chercher l'origine même des dichotomies en question (spirituel/naturel, humain/animal, âme/corps, etc.) dans la *différence* entre les *genres* — sinon entre les *sexes :* il ne faut pas confondre, en effet, la situation biologique, et les caractéristiques psychosociologiques qui peuvent lui être rapportées selon des modalités diverses. Comme le précise Val Plumwood, « ce n'est pas la biologie mais les différentes expériences produites par des corps différents et la socialisation qui déterminent cet aspect de la formation des genres ». En fait, nous aurons l'occasion de voir que cette nuance, en soi légitime et souhaitable, est bien difficile à maintenir en pratique. Du reste, elle tend déjà à s'estomper dans la formulation même qu'en donne Plumwood : dire que des expériences différentes sont *produites* par des corps différents, n'est-ce pas déjà, à tort ou à raison, suggérer qu'il existe une *détermination* biologique et non seulement culturelle et historique ?

Quoi qu'il en soit, la thèse majeure de cette troisième forme d'écoféminisme est bien que la genèse de la double exploitation femme/nature dont il s'agit de rendre raison est directement liée à ces

---

16. Voir sur ce point Val Plumwood qui tient les deux thèses pour incompatibles.

différences de *genre*. Plutôt que d'entrer dans un exposé général, j'indiquerai quelques exemples significatifs des interprétations auxquelles donne lieu cette nouvelle version du féminisme.

Commençons par l'essentiel, c'est-à-dire par ce souci rationaliste qui caractériserait, paraît-il, la masculinité et la conduirait à haïr l'irrationalité des émotions et des sentiments naturels. D'où vient-il aux mâles ? Selon Rosemary Radford Ruether, dont le livre *New Women, New Earth (Nouvelle Femme, Nouvelle Terre)* fait autorité en la matière, cette « priorité excessive accordée au rationnel » viendrait de leur incapacité à engendrer la vie. Ce handicap insurmontable susciterait chez eux un tragique « effort pour dénier sa propre immortalité, pour identifier l'humanité essentielle (c'est-à-dire l'humanité mâle) avec une sphère divine transcendante située au-delà de la matrice naissance/mort. Du coup, les femmes sont identifiées à la sphère de la finitude, celle-là même que l'on doit dénier afin d'éradiquer le fait qu'on appartient soi-même, par ses origines comme par son être, à ce règne de la finitude. La femme, le corps et le monde constituent ainsi au sein d'un dualisme la partie inférieure qu'on doit déclarer " postérieure à ", " créé par ", " sujette à " et qu'on tient finalement pour étrangère à la nature de la conscience (mâle) dans l'image de laquelle l'homme fabrique sa divinité [17] ». Et c'est l'inévitable déception, consécutive à la fragilité de cette

---

17. *Op. cit.*, p. 195.

construction, qui « conduit logiquement à la destruction de la terre ». CQFD !

A partir de là, tout s'enchaîne sans difficulté et l'analyse par les genres s'applique avec bonheur à l'interprétation des phénomènes culturels les plus divers, y compris ceux que d'autres considèrent, sans doute à tort et pour de douteuses raisons, comme fort complexes. Veut-on, par exemple, saisir enfin correctement la véritable origine en même temps que la signification ultime du cartésianisme ? La voici, telle qu'en elle-même :

> « Le rationalisme extrême de Descartes ainsi que son dualisme du sujet et de l'objet sont les produits d'une vision extrêmement masculine du moi et de la réalité, une vision qui est partagée par beaucoup de mâles dans la société moderne. Coupés de leurs sentiments, les hommes deviennent solitaires, rigides, excessivement rationnels et sujets à s'engager pour des principes abstraits aux dépens des relations personnelles concrètes. En conséquence de leur attachement à des doctrines abstraites, les mâles ont développé des philosophies morales hautement rationalistes. De telles philosophies ne retiennent rien ou presque du rôle du *souci* et du *sentiment* comme préconditions de l'éthique, y compris de l'éthique touchant les relations de l'humanité avec la nature [18]. »

Veut-on encore, dans le même style, cerner l'essence des théories libérales du droit et, en particu-

---

18. Michael E. Zimmermann, *Feminism, deep ecology and environmental ethics*, p. 27.

lier, de la Déclaration de 1789 ? L'explication, là
aussi, tombe comme un couperet :

> « La vision d'un moi séparé, autonome et forte-
> ment individualisé, telle qu'on la rencontre dans
> l'idéologie libérale tant économique que politique
> ainsi que dans les philosophies de l'esprit de type
> individualiste, peut être considérée comme une
> réification défensive face au procès du développe-
> ment du moi qui caractérise les mâles élevés par des
> femmes dans une société patriarcale. La structure
> de la famille patriarcale tend à produire des
> hommes dont ces façons de voir politiques et
> philosophiques semblent, en effet, être des descrip-
> tions factuellement correctes et qui sont ainsi plus
> ou moins profondément motivés à admettre la vérité
> de ces conceptions parce qu'elles sont *leur*
> vérité [19]. »

Ce n'est donc pas vers la revendication d'un droit
des animaux, des arbres ou des rochers qu'il faut
tendre puisque l'idée même de droit est disqualifiée
en raison de ses origines « mâles ». L' « extention-
nisme juridico-éthique » qui caractérise l'écologie
ordinaire trahit ses racines « androcentriques » :

> « La doctrine des droits naturels est impropre à
> permettre l'établissement d'une relation non domi-
> natrice entre l'humanité et la nature : elle est, en
> effet, 1) androcentrique, 2) elle regarde les êtres non
> humains comme n'ayant qu'une valeur instrumen-

---

19. Naomi Scheman, « Individualism and the Objects of
psychology », in *Discovering Reality*, Boston, 1983.

tale, 3) elle est hiérarchique, 4) dualiste, 5) atomistique, 6) adhère à des principes éthiques abstraits qui accentuent avec emphase l'importance de l'individu isolé, 7) elle dénie l'importance des sentiments dans la formation du comportement moral, et 8) elle est incapable de percevoir la relation essentielle de la vie humaine avec la biosphère qui nous donne naissance [20]. »

Ajoutons que ces analyses partielles ou « régionales » des multiples facettes de la culture moderne s'enracinent dans un cadre plus général où se mêlent, en vrac, d'étonnants dérivés de la psychanalyse, de la sociologie, ou de la science politique. C'est parfois l'histoire de l'humanité tout entière qui se trouve résumée en quelques lignes, comme dans cet échantillon représentatif que je mentionne encore pour donner une idée de cette étrange littérature :

« La conception mâle d'un moi isolé trouve son origine dans les relations mère/fils durant l'enfance. Au début, le petit garçon s'identifie à sa mère. Plus tard, cependant, il découvre qu'il est différent d'elle sur le plan sexuel. Cherchant alors à gagner sa propre identité sexuelle, le garçon vit son propre retrait à l'égard de sa mère comme un abandon. Eprouvant une déception et une rancœur profondes en raison de cet abandon supposé, il en vient à tenir les femmes en méfiance, à les craindre et à les haïr. Cette peur et cette rancœur le conduisent à vouloir dominer tout à la fois la femme en lui (l'image de la mère) et la femme hors de lui...

20. Zimmermann, *op. cit.*, p. 34.

" Mère-nature " apparaît ainsi comme une force menaçante, imprévisible dont un homme doit se différencier et qu'il doit parvenir à contrôler[21]. »

Telle est donc la configuration initiale qui expliquerait, selon cette vision paranoïaque de l'histoire, l'apparition de toute la civilisation occidentale, avec son projet de domination de la terre et sa haine bien connue des femmes. Deux conclusions s'en déduisent, qui viennent préciser le rôle salvateur de l'écoféminisme.

La première est que le salut, en effet, ne peut venir que des femmes. Seules elles sont en mesure d'échapper à la menace que fait peser sur l'humanité entière la présence des dualismes maléfiques, et ce pour une bonne et simple raison : c'est qu'à la différence des hommes, elles n'ont pas rompu avec la nature. L'expérience de leur corps, de leur attachement aux mécanismes naturels de la vie est beaucoup trop présente, beaucoup trop forte pour qu'elles puissent même songer à s'en « émanciper ». Selon Dodson Grey, le cycle de la reproduction « fait de l'existence physique une limite infranchissable. Il serait difficile pour une femme de s'imaginer, même en rêve, comme un esprit illimité, tout conquérant, ou comme un moi prométhéen[22] ». Mary O'Brien s'attache dans la même optique à montrer comment la « conscience reproductrice » de la femme est

---

21. Cf. Zimmermann, *loc. cit.*, p. 31, qui résume ici des propos de Nancy Chodorow, l'auteur de *The reproduction of mothering*, Berkeley, 1978.

22. Cité par Val Plumwood, *op. cit.*, p. 125.

expérience d'une continuité fondamentale avec les rythmes biologiques « du fait qu'elle-même est née du travail d'une femme. Ce travail vient confirmer la cohérence génétique et la continuité de l'espèce », à la différence de la conscience reproductrice des mâles qui est discontinue et lacunaire. Le processus de la reproduction apparaît ainsi comme un « acte de médiation et de synthèse qui confirme empiriquement l'unité de la femme avec la nature [23] ». C'est donc de cette symbiose que doit s'inspirer un discours écologique authentique. Car seule une unité, *elle-même naturelle*, avec la nature, peut garantir son respect véritable. D'où la distance décisive qu'il convient de prendre à l'égard de toutes les formes d'écologie ordinaires, y compris les plus radicales en apparence.

Mais il faut tout autant prendre la mesure de l'écart qui sépare une telle vision du monde des visages traditionnels du féminisme. A commencer, bien sûr, par le féminisme existentialiste. J'ai suggéré comment il s'inscrivait dans la perspective égalitariste et humaniste d'une émancipation à l'égard des déterminismes naturels. Du point de vue de l'écoféminisme, cette prétendue « émancipation » ne peut être qu'un leurre, à vrai dire le leurre suprême puisqu'elle implique une négation simultanée de la féminité et de la naturalité, au profit d'un modèle de liberté typiquement masculin. C'est là ce que Val Plumwood, s'inspirant de Mary Midgley,

---

23. *The politics of reproduction*, Routlege and Kegan Paul, Boston, 1981, p. 59.

reproche à Simone de Beauvoir en des termes qu'il faut encore citer :

> « Pour Simone de Beauvoir, la femme doit devenir " pleinement humaine " sur le même mode que l'homme, en le rejoignant dans le projet de se distancier de la nature, de la transcender et de la contrôler. Elle oppose ainsi la transcendance mâle et la conquête de la nature qui en découle, à l'immanence de la femme identifiée à la nature et au corps dans lesquels elle est immergée passivement. Pour accéder à la pleine humanité, la femme doit donc entrer dans la sphère supérieure de l'esprit pour dominer et transcender la nature. Sur le plan physique, elle doit accéder à la sphère de la liberté et du contrôle au lieu d'être immergée de manière aveugle dans la nature et l'incontrôlable. La femme devient donc " pleinement humaine " en étant absorbée dans la sphère masculine de la liberté et de la transcendance conceptualisées dans les termes du chauvinisme humain [24]. »

On perçoit à quel point nous sommes loin du féminisme existentialiste : c'est en affirmant sa *différence* d'avec les « mâles », en insistant en revanche sur sa proximité *spécifique* avec la nature que la femme est censée incarner, comme autrefois le prolétariat, la fraction salvatrice de l'humanité. Le danger d'une telle position est clair. Il avait déjà été pressenti par Simone de Beauvoir, et analysé par Elisabeth Badinter : à insister sur la « naturalité » de la femme, on risque tout simplement de recon-

---

24. *Loc. cit.*, p. 135.

duire les clichés les plus éculés sur « l'intuition féminine », la vocation à la maternité et l'irrationalisme de ce qui pourrait bien, dès lors, passer pour le « deuxième sexe ». Affirmer que la femme est plus « naturelle » que l'homme, c'est nier sa liberté, donc son appartenance pleine et entière à l'humanité. Que les écoféministes haïssent la civilisation occidentale et la modernité, c'est leur affaire. Qu'elles (ou ils) veuillent trouver à cette détestation une justification naturelle, c'est jouer le jeu d'un déterminisme biologique dont toutes les femmes subiraient les conséquences s'il devait être pris au sérieux. La revendication du droit à la différence cesse d'être démocratique lorsqu'elle se prolonge dans l'exigence d'une différence de droits.

IV

L'ÉCOLOGIE DÉMOCRATIQUE
ET LA QUESTION DES DROITS
DE LA NATURE

Sous ses deux profils, l'écologie profonde offre un visage antipathique au démocrate. Elle n'en lance pas moins de sérieux défis aux éthiques humanistes qu'elle prétend dépasser.

Le premier est d'ordre politique. En des temps où le deuil des utopies semble atteindre jusqu'à ceux qui n'en avaient jamais eu le goût, elle ouvre un nouvel espace d'action et de réflexion. Rien n'y manque : la science et la morale, l'épistémologie et la philosophie, la cosmologie et la mystique. De quoi ouvrir des horizons nouveaux à un militantisme en mal d'investissements plausibles. Mais il y a plus : l'écologie profonde pose de *vraies questions*, que le discours critique dénonçant les relents du pétainisme ou du gauchisme ne parvient pas à disqualifier. Personne ne fera croire à l'opinion publique que l'écologisme, si radical soit-il, est plus dangereux que les dizaines de Tchernobyl qui nous menacent. Et l'on pourra disserter tant qu'on voudra sur l'inanité des thèmes antimodernes agités par les nouveaux intégristes, il n'en reste pas moins insensé d'adopter aujourd'hui encore l'attitude libérale du « laisser faire, laisser passer ». Que ce soit par un surcroît de science et de technique que nous parvenions un jour à résoudre les questions qu'aborde l'éthique de l'environnement est plus que probable. S'imaginer pour autant que les solutions se présenteront d'elles-mêmes, comme par une harmonie préétablie, sans que nous ayons besoin de mobiliser une réflexion et une action collectives, relève de l'infantilisme. De là, justement, la nécessité d'intégrer l'écologie dans un cadre démocratique : c'est parce qu'elle est une affaire trop sérieuse pour eux qu'il ne faut pas en laisser le monopole aux écologistes profonds, non parce que toutes leurs questions seraient a priori frappées de nullité.

D'autant que la remise en cause de la logique libérale de la production et de la consommation ne saurait laisser indifférent. Sous une forme ou sous une autre, romantique ou utopique, elle n'a cessé d'accompagner l'essor des sociétés démocratiques et il serait naïf d'imaginer que, faute de combattants, le communisme étant mort et le fascisme mal en point, le combat s'évanouirait comme par enchantement. La fin de l'histoire, quoi qu'on ait pu en penser, n'est pas à l'ordre du jour. Tout au contraire : enfin seuls avec nous-mêmes, livrés à la « mélancolie démocratique [1] », nous pouvons aussi mesurer tout ce qu'a d'insatisfaisant la dynamique consumériste. Sans être attirés à l'excès, laïcité oblige, par des motifs religieux, nous pressentons bien que l'homme n'est pas sur terre pour procéder à

---

1. Pascal Bruckner réhabilite à juste titre un thème profond de Nietzsche et de Carl Schmitt lorsqu'il associe cette mélancolie à la disparition des « ennemis ».

l'achat de voitures et de téléviseurs toujours plus performants. Et quand même nous ignorons tout de sa destination, celle-là, à coup sûr, n'est pas le terme ultime. Le fondamentalisme, politique ou religieux, peut toujours compter sur cette inquiétude : elle est inhérente au sort que la neutralité des Etats libéraux réserve aux individus livrés à eux-mêmes et privés du secours d'une idéologie collective forte.

Mais c'est aussi dans l'ordre de la métaphysique que l'écologie profonde marque des points et lance un second défi à l'humanisme. Car les deux formes dominantes de l'anthropocentrisme, le cartésianisme[2] et l'utilitarisme, ne font pas justice au sentiment de la nature qui prévaut aujourd'hui. Du simple point de vue de nos « intuitions » immédiates, voire de nos « convictions bien pesées », comme disent les Anglo-Saxons, nous ne pouvons tout à fait nous départir de l'impression que la nature possède une certaine valeur *en elle-même*, qu'elle est parfois susceptible de nous étonner, voire de nous émerveiller hors de toute considération de maîtrise ou d'utilité. Cette « expérience vécue » semble immédiate, indépendante, à tout le moins, des fins qui sont les nôtres. Comme si la nature recelait en elle, à côté du pire — le règne de la force brutale et de la mort violente —, les meilleures dispositions dont l'harmonie et la beauté sont les

---

2. Encore que le cartésianisme ne se réduise pas à la caricature qu'on en donne trop souvent. Cf., sur ce point, comme sur la critique des thèses de Michel Serres, le livre de François Guéry et Alain Roger, *Maîtres et protecteurs de la nature*, Champ Vallon, 1991.

signes les plus visibles. Reste, bien sûr, à apprécier le statut d'un tel sentiment, tout se passant comme si les thèses qui s'affrontent au sein de *l'antinomie de l'écocentrisme et de l'anthropocentrisme ne parvenaient pas à cerner avec justesse les données du problème. L'une accorde trop, l'autre trop peu à la nature, chacune se confortant dès lors, comme dans toute antinomie, des faiblesses de son adversaire.* Sans nul doute, l'un des critères définissant le projet d'un humanisme non métaphysique réside dans la capacité à saisir les enjeux d'un tel conflit, analogue en son fond, à celui que nous avons examiné à propos du droit des animaux.

Les deux ordres évoqués, le politique et le métaphysique, se rejoignent ici. Car l'affirmation des droits de la nature, lorsqu'elle prend la forme d'une instauration de cette dernière en sujet de droit, implique le rejet d'un certain type de démocratie : celle, héritée de la Déclaration des droits de l'homme, qui s'est inscrite dans nos sociétés libérales-social-démocrates. Voilà pourquoi l'écologie profonde offre au moins le mérite de la cohérence lorsqu'elle prétend procéder à la « déconstruction » de l'humanisme moderne et du monde libéral qui en est une des expressions politiques. L'idée qu'on pourrait « ajouter » un « contrat naturel » à la Déclaration des droits de l'homme est philosophiquement peu rigoureuse. D'évidence, il y a discontinuité entre les deux contrats : dans le cadre de l'humanisme juridique, la nature ne saurait occuper un autre statut que celui d'un *objet* et non d'un *sujet*. Telle est d'ailleurs la raison pour laquelle les Partis Verts se disent « révolutionnaires » et en appellent à une authentique conversion. Pour employer une métaphore qu'ils affectionnent : celui qui veut se rendre à Marseille et se trouve par erreur dans la direction de Lille, ne saurait se contenter de ralentir. C'est le demi-tour qui s'impose ! En clair : pas de réformes, mais la révolution !

S'il ne s'agit pas simplement de disqualifier l'écologie profonde en soulignant ses excès et ses dangers, s'il convient aussi de dégager ce qui, en elle, pourrait s'avérer pertinent, la question s'impose : faut-il, pour assurer la protection de notre environnement, que nous lui accordions des droits égaux, voire supérieurs à ceux des êtres humains ? Jusqu'où et en quel sens peut-on parler de « droits de la nature » ? Le fait de lui reconnaître une certaine dignité implique-t-il la déconstruction radicale de l'humanisme *sous toutes ses formes ?* Une critique interne de cette tradition anthropocentriste ne permettrait-elle pas de faire droit au souci écologiste, sans renoncer aux principes démocratiques ? Et, par réciproque : en quel sens et sur quel mode concret le libéralisme politique, celui des droits de l'homme, pourrait-il intégrer les préoccupations d'une éthique de l'environnement ?

Il faut enfin risquer des propositions visant à élaborer les repères théoriques et pratiques nécessaires à la défense d'une écologie démocratique. Un tel programme pourrait d'abord se définir en ces termes : ni l'anthropocentrisme cartésien ou utilitariste, ni l'écologie profonde. Comment, sur fond de ce « ni ni », relever le défi dans les deux ordres évoqués : la politique et la métaphysique ?

Une critique interne du fondamentalisme

En construisant le type idéal de l'écologie profonde, j'ai eu l'occasion d'indiquer les effets pervers les plus visibles de ce nouvel intégrisme : L'antimodernisme radical cède à la fascination des modèles politiques autoritaires, le scientisme moral conduit de façon inéluctable au dogmatisme, la divinisation de la nature implique un rejet de la culture moderne, suspecte d'engendrer le déracinement des hommes, l'éloge de la diversité se fait volontiers hostile à l'espace public républicain, etc. Mais le repérage de ces glissements inquiétants reste *extérieur à son objet*. Les critiques qu'ils suggèrent ne paraîtront pertinentes qu'à ceux qui se situent déjà dans une perspective démocratique fondée sur une acceptation, même minimale, des principes du libéralisme politique (sinon économique). Pour les autres, dont l'affaire est justement d'en finir avec cet univers démocratico-libéral, elles apparaîtront en revanche peu convaincantes, voire disqualifiées d'emblée en raison de leur appartenance au cadre de pensée avec lequel il s'agit de rompre.

Il faut donc aller plus loin, évoquer les critiques *internes* de l'écologie profonde, c'est-à-dire les objections qui s'enracinent dans les difficultés *inhérentes* à une telle position.

La première renvoie à un paradoxe qui, pour être simple en apparence, n'en est pas moins difficile à surmonter : alors que le programme des *deep ecologists* tient tout entier dans le rejet de l'anthropocentrisme (cartesien ou utilitariste) au nom des droits de l'écosphère, la logique de leur propre démarche les conduit à retomber dans l'une des formes les plus extravagantes de *l'anthropomorphisme.* Philip Elder, l'un des tenants d'une écologie « superficielle » et « environnementaliste », a formulé de façon plaisante, mais peu contestable sur le fond, cette difficulté majeure : discutant les thèses de Stone sur le droit des arbres « peuplant » la vallée de *Mineral King,* il en vient à remarquer que ses adversaires radicaux « supposent toujours que les intérêts des objets (montagnes, lacs et autres choses naturelles) sont *opposés au développement.* Mais qu'en savent-ils ? Et après tout, pourquoi *Mineral King* n'aurait-elle pas envie d'accueillir une piste de ski après être restée à ne rien faire pendant des millions d'années ? (...) En vérité, les écologistes profonds ne sont-ils pas eux-mêmes " anthropocentristes " lorsqu'ils prétendent savoir ce qui est le mieux pour l'environnement naturel [3] » ?

En effet : dire que des animaux possèdent des « intérêts » est déjà discutable, même si on peut leur reconnaître la capacité d'éprouver du plaisir ou de la peine ; mais l'affirmer des arbres, des rochers ou de la biosphère tout entière, n'est-ce pas d'évidence céder à un animisme comparable à celui qui présidait, au Moyen Age, à l'instruction des procès de sauterelles ou de charançons ? Il y a, au principe même des raisonnements qui alimentent le fondamentalisme une insurmontable faute logique. Elle

3. « Legal rights for nature. The wrong answer to the right(s) question », *Environmental Ethics,* Vol. II, p. 111.

porte un nom : la « contradiction performative ». Le modèle en est fourni par ce type de proposition : « J'étais sur un bateau qui a fait naufrage et il n'y a pas eu de survivant. » Le *contenu* de l'énoncé est en contradiction avec les conditions de son énonciation. Cette discordance se retrouve dans le discours juridique des écologistes profonds : s'imaginant que le bien est inscrit dans l'être des choses, ils en viennent à oublier que *toute valorisation, y compris celle de la nature, est le fait des hommes et que, par conséquent, toute éthique normative est en quelque façon humaniste et anthropocentriste.* L'homme peut décider d'accorder un certain respect à des entités non humaines, à des animaux, à des parcs nationaux, à des monuments ou à des œuvres de culture : ces derniers restent toujours, qu'on le veuille ou non, des *objets et non des sujets de droit.* En d'autres termes : le projet d'une éthique normative antihumaniste est une contradiction en soi. Nos fondamentalistes voudraient conserver l'idée de valeur et supprimer ses conditions de possibilité. Ce faisant, ils tombent dans la contradiction performative : ils oublient au passage que c'est *eux, en tant qu'êtres humains, qui valorisent la nature et non l'inverse, qu'il est impossible de faire abstraction de ce moment subjectif ou humaniste pour projeter dans l'univers lui-même une quelconque « valeur intrinsèque ».* Sans doute y a-t-il *dans la nature* des aspects qui *nous touchent* — phénomène qui mérite d'être décrit et analysé contre un certain cartésianisme. Mais cela n'implique en rien qu'il soit possible de faire abstraction de ce « nous ». Bien au contraire, c'est dans cette opération par laquelle elle prétend abstraire la subjectivité que la philosophie de la nature cède aux illusions de l'anthropomorphisme. Contre Jonas, il faut rappeler que la fin, si elle se veut « morale », ne peut jamais être « domiciliée dans la nature », que la « fondation biologique », comme le rappelle Ricœur, « si elle est nécessaire, cesse d'être suffisante » lorsqu'il s'agit de déterminer les conditions, non de la simple survie des hommes sur la terre, mais de leur vie *bonne* — ce qui est une tout autre affaire [4].

On objectera peut-être que l'idée d'un droit de la nature n'est qu'une métaphore littéraire, destinée à frapper l'attention d'une opinion publique plongée dans un sommeil léthargique. Ainsi Michel Serres ne considérerait-il pas sérieusement que l'homme et la nature puissent passer ensemble un authentique « contrat » où ils se tiendraient, comme il le suggère pourtant, à égalité. Soit. Mais, quel est l'intérêt d'une telle licence poétique si l'on doit aussitôt lui ôter son poids philosophique ? Quel rapport y a-t-il encore entre le contrat social et son pendant naturel si ce dernier n'est pas un véritable pacte, mais un articulet décoratif ajouté en hâte au premier ? Pourquoi utiliser une image aussi forte, s'il faut en annuler les significations, si elle n'indique pas un réel souci de transformer les êtres de nature en *sujets de droit ?* Et quelle différence subsiste-t-il alors entre cette vision prétendument nouvelle de nos rapports à la nature et celle des écologistes « superficiels » et « anthropocentristes » ?

---

4. *Cf. Le Messager européen*, n° 5, p. 217.

Instituant la nature en personne juridique, l'écologie profonde en vient bel et bien, lorsqu'elle est rigoureuse, à faire de l'univers matériel, de la biosphère ou du *Cosmos,* un modèle éthique à imiter par les hommes. Comme si l'ordre du monde était bon en lui-même, toute corruption émanant alors de l'espèce humaine, polluante et vaniteuse. J'ai déjà suggéré qu'un tel romantisme conduisait à renier le meilleur de la culture moderne, qu'il s'agisse du droit, conquis contre le règne naturel de la force, ou de l'héritage des Lumières et de la Révolution française, gagné contre l'empire des traditions et des évidences « naturelles ». Mais il y a plus, dans l'optique d'une critique interne à laquelle il faut bien en venir face à ceux qu'anime la haine de la modernité : c'est *intrinsèquement* que la sacralisation de la nature est intenable. Comme ces fanatiques religieux, hostiles à toute intervention médicale parce qu'ils la supposent contraire aux intentions divines, les écologistes profonds occultent allègrement tout ce qui dans la nature est haïssable. Ils ne retiennent que l'harmonie, la paix et la beauté. C'est dans cette optique que certains disqualifient volontiers la catégorie des « nuisibles », jugeant qu'une telle notion, toute anthropocentriste, est un non-sens. S'inspirant de la théologie, ils supposent que la nature est non seulement l'Etre suprême, mais aussi l'*ens perfectum,* l'entité parfaite qu'il serait sacrilège de prétendre modifier ou améliorer. Simple question : qu'en est-il alors des virus, des épidémies, des tremblements de terre et de tout ce qu'on nomme à juste titre « catastrophe naturelle » ? Dira-t-on qu'ils sont « utiles » ? Mais à qui et à quoi ? Jugera-

t-on qu'ils possèdent les mêmes légitimités que nous
à persévérer dans leur être ? Pourquoi pas, dès lors,
un droit du cyclone à dévaster, des secousses sismi-
ques à engloutir, des microbes à inoculer la mala-
die ? A moins d'adopter une attitude en tout point et
en toute circonstance anti-interventionniste, il faut
bien se résoudre à admettre que la nature prise
comme un tout n'est pas « bonne en soi », mais
qu'elle contient le meilleur comme le pire. Au regard
de qui, demandera-t-on ? De l'homme, bien
entendu, qui reste jusqu'à preuve du contraire le
seul être susceptible d'énoncer des jugements de
valeur et, comme le dit la sagesse des nations, de
séparer le bon grain de l'ivraie. Il s'agit non pas de
nier que la nature puisse être *par elle-même* belle,
utile, ou même « généreuse » (ce qui pose à nouveau
la question des limites du cartésianisme), mais
seulement de souligner qu'elle ne l'est pas de
manière volontaire et constante, comme le serait la
divinité en laquelle on veut nous faire croire, et
qu'en revanche, c'est toujours nous, les êtres
humains, qui devons en dernière instance en décider. Comme en économie, les philosophies de la non-
intervention supposent la sacralisation de l'harmonie naturelle du monde. Optimisme métaphysique,
voire mystique, que rien, malheureusement, ne vient
justifier.

L'homme peut et doit *modifier* la nature, comme il
peut et doit la *protéger*. La question philosophique
des droits inhérents aux êtres naturels rejoint celle,
politique, de notre rapport au monde libéral. Dans
ces deux ordres, où il entre en concurrence avec
l'écologie profonde, un humanisme non métaphysi-

247

que, un anthropocentrisme anticartésien, se doit d'expliciter ses choix. Sans nul doute possible, ils comportent l'éloge de la critique interne et l'acceptation de devoirs indirects envers la nature.

La politique démocratique et le choix de la critique interne

Les critiques externes de l'univers libéral, celles qui s'opèrent au nom d'un ailleurs radical, qu'il soit passé ou avenir, risquent de céder à nouveau aux troubles séductions des totalitarismes bruns ou rouges. La critique interne, la critique de la démocratie réelle et imparfaite au nom de ses promesses et de ses principes propres est, par définition même, la seule qui reste compatible avec l'exigence démocratique. Elle ne s'en heurte pas moins à une difficulté sur laquelle compte le fondamentalisme religieux ou politique : après deux siècles d'utopies messianiques, la conversion au réformisme semble peu exaltante, trop sage, pour ne pas dire trop plate pour séduire des militants que la mort du communisme et du gauchisme laisse encore sous le choc. Difficulté d'autant plus délicate à surmonter que le sentiment du deuil n'est pas incompatible, loin s'en faut, avec l'acceptation lucide des « erreurs » passées et l'abandon résolu des théories défuntes. Une chose est de reconnaître les méfaits objectifs du communisme, une autre d'enterrer de façon définitive le militantisme, la vie associative et, plus profondément encore, les perspectives qu'il ouvrait sur la question classique du sens de l'existence. Que le marxisme fût une « religion de salut terrestre », nul n'en doute plus aujourd'hui. Encore faut-il saisir et préciser la signification exacte de la formule, si l'on veut avoir une chance de comprendre pourquoi de nouveaux intégrismes, à commencer par ceux qui animent l'écologie profonde, se pressent autour de la dépouille pour prendre la succession et obérer au plus vite les chances d'une politique démocratique.

Le sentiment de vide qui s'empare des anciens fidèles me semble tenir pour l'essentiel à une méconnaissance philosophique et historique des rapports de la politique et de la religion, méconnaissance qui interdit encore de reformuler en termes positifs les principes d'un « *réformisme radical* ». Ce que nous vivons, en effet, depuis plus de deux siècles maintenant, c'est l'histoire d'une lente, mais inéluctable dissociation de ces deux sphères, autrefois si intimement liées que les croyants pouvaient passer insensiblement de l'une à l'autre. Pour le dire simplement, nous avons fait, dans le sillage de la Révolution française, l'expérience d'une double rupture avec le religieux.

La première est si essentielle qu'on peut la tenir pour constitutive de l'espace culturel européen dans son ensemble. Il s'agit de la naissance de la laïcité : comme l'a justement souligné Marcel Gauchet dans *Le désenchantement du monde*, ce qui, plus que tout autre trait, est spécifique à nos espaces démocratiques, c'est la fin de l'enracinement des normes et des valeurs collectives dans un univers théologique. C'est là ce qui nous sépare encore des républiques « islamiques ». Et c'est cet événement que le jargon de la philosophie contemporaine désigne comme « la fin du théologico-politique ». Au-delà des mots, qui restent encore chargés du poids de la tradition, la « Déclaration des droits de l'homme » symbolise l'avènement de normes qui, pour conserver encore une vocation collective, n'en ont pas moins cessé de tirer leur légitimité d'une inspiration religieuse : en principe, au moins, elles doivent désormais puiser leur source dans la seule volonté des individus — qu'ils soient directement les auteurs de la loi, comme le souhaitaient Rousseau et ses disciples, ou s'expriment, comme le veut le système représentatif, par l'intermédiaire de leur Parlement. En d'autres termes, qui disent le même constat : les hommes découvrent qu'ils peuvent et même doivent résoudre la question de la vie ou de la décision bonnes *par eux-mêmes*, sans prendre leurs ordres d'en haut. Nous ne disposons plus d'évidences communes, de ces repères collectifs que nous pouvions autrefois trouver, pour ainsi dire « tout faits » dans une religion partagée (en vérité tout *façonnés* par l'autorité cléricale et l'histoire des interprétations...).

La seconde rupture est plus récente. Elle coïncide avec l'effondrement du communisme sous toutes ses variantes et peut-être manquons-nous encore de la distance nécessaire à l'analyse historique. Ce qui n'interdit pas de formuler des hypothèses sur l'effet d'une disparition si considérable qu'elle ne peut rien laisser intact dans l'ordre de la politique. Qu'ils le veuillent ou non, les libéraux et les socio-démocrates, privés tout à la fois d'ennemi *et* d'allié, ne sortiront pas indemnes d'un tel bouleversement. Une précision s'impose sur les significations du mot religion. On peut l'entendre en trois sens : d'abord comme la *tradition* commune, qui s'impose aux hommes *de l'extérieur,* à partir de la divinité, pour les *relier* entre eux, assurer leur lien social sur le modèle du théologico-politique ; ensuite comme discours de la *superstition,* c'est-à-dire de l'aliénation des hommes — c'est dans cette optique que les matérialistes des Lumières, puis leurs héritiers marxistes ou freudiens, dénonceront la foi comme « opium du peuple » ou « névrose obsessionnelle de l'humanité » ; enfin, comme lieu de la question du sens de l'existence, ou si l'on veut, « du sens du sens » (de la signification ultime et supramondaine de toutes les significations partielles et intra-mondaines).

La première rupture entre politique et religion, celle de la laïcité, s'opère contre la *tradition* : elle apparaît comme l'acte suprême de la Révolution contre l'ordre hérité de l'Ancien Régime. C'est en et par elle que la croyance en un Dieu tend à être définie comme superstition. La seconde rupture s'effectue en revanche avec le troisième sens du terme. Elle est à l'origine de ce sentiment de vide qui, pour être compréhensible, n'en est pas moins à mes yeux illusoire. Emancipés de la tutelle des autorités religieuses, affranchis des lignes partisanes dogmatiques, les individus cherchent le sens de leur existence *ailleurs que dans la religion et dans la politique.* La temporalité où se situent les significations est aujourd'hui le présent, à la rigueur le futur immédiat, mais le passé et l'avenir, *qui sont en deçà ou au-delà de la vie,* ne font plus recette. Nous « existons » certes sur le mode du *projet,* en nous fixant sans cesse des « objectifs » de toute nature : professionnels, amoureux, culturels, ou autres. A l'intérieur de ces *petits desseins,* qui sont comme autant de bulles closes sur elles-mêmes, nos actions prennent un sens. Mais la question du sens de ces projets, ou, si l'on veut, la question du sens du sens, ne peut plus être posée *collectivement au sein d'un univers laïc.* Et cette déperdition vaut tout autant pour la religion, qui devient une affaire privée, que pour les formes utopiques des politiques d'antan. Croire que la construction de l'Europe ou l'aide économique au pays de l'Est puisse remplacer dans le cœur des militants le projet de construire une société sans classe et sans contrainte relève d'une bévue, qui pour être omniprésente chez les hommes politiques, n'en est pas moins colossale. Au reste, les intellectuels et les journalistes qui déplorent à longueur de page la disparition des clivages idéologiques purs et durs, le bon temps « où l'on se trompait, certes, mais avec quel enthousiasme », cèdent à la même illusion, faute d'avoir compris que la dépression n'a rien de passager. Nous ne *traversons* pas, comme le croit Edgar Morin, une « période de basses eaux mythologiques », un repli provisoire sur la sphère privée et les intérêts égoïstes, vouée à être bientôt relayée par l'émergence d'un nouveau grand dessein (l'écologie, bien entendu !). Mais de toute évidence, la crise, ici comme ailleurs, est structurelle, « historiale » si l'on veut, c'est-à-dire liée au devenir adulte de l'univers laïc et démocratique.

Ce diagnostic n'est pas seulement l'effet d'une hypothèse philosophique abstraite et désincarnée. Il relève aussi de quelques constatations. Tout indique, en effet, que la question du sens de l'existence s'est retirée des politiques religieuses pour se déplacer vers d'autres sphères : celles de l'éthique et de la culture, *entendues comme épanouissement de la personnalité individuelle.* A preuve le fait qu'au cours des années 80, les seuls mouvements politiques « nouveaux »... ne sont pas des mouvements politiques ! Moraux et culturels, ils s'affichent volontiers dans la « société civile » ou, à tout le moins, en marge des partis traditionnels. C'est vrai des organisations antiracistes, qui ont prétendu s'appuyer sur une « culture jeune » (essentiellement musicale) et des revendications morales, à commencer par la lutte contre l'exclusion, pour le respect de « l'autre ». C'est vrai encore, aussi paradoxal que cela puisse paraître, du Front national qui, lui aussi, délaisse la politique classique pour défendre des « valeurs », celles du « réarmement moral de la France », et un projet culturel centré sur la défense de l'identité nationale. Mais cela vaut encore du formidable succès des organisations humanitaires et, *last but not least,* de l'écologie — qui, en ce sens, ne me paraît pas s'inscrire, comme semble le penser Alain Touraine [5], dans le droit-fil d'une renaissance de la gauche et du mouvement ouvrier.

Voici, je crois, à quoi tient l'erreur de ceux qui perçoivent encore la chute de l'idée révolutionnaire sur le mode d'un deuil irréparable et associent dès lors le réformisme à l'eau tiède sans couleur ni

---

5. Voir son intervention dans le dossier n° 11 du *Nouvel Observateur*, 1992.

saveur : faute d'avoir compris qu'en démocratie laïque la politique devait quitter le giron religieux, ils ne voient que le mauvais côté de l'histoire — d'autant qu'il coïncide le plus souvent, c'est une simple question de fait mais elle a son importance, avec leur propre jeunesse. En vérité, si l'espace démocratique est bien celui de la critique interne, ils devraient, puisqu'ils se disent démocrates, fêter comme il convient ce deuil libérateur et salutaire : car, *pour la première fois sans doute dans l'histoire de l'humanité, nous vivons le temps où cette critique, que les Aufklärer du XVIII*e *siècle appelaient déjà de leurs vœux, atteint le seuil minimal de la maturité.* Le réformisme n'est pas la forme dont on doit bien se contenter, faute de mieux, lorsque l'espoir révolutionnaire fait défaut, mais il constitue l'unique attitude correspondant à la sortie du monde de l'enfance. Non seulement il est seul compatible avec le rejet démocratique des lignes partisanes et des autorités dogmatiques, non seulement il cesse de faire miroiter l'espoir mystique d'un travail militant pour l'au-delà du monde réel, mais il ouvre, à la différence de l'idéologie révolutionnaire qui s'oriente à un terme ultime, un espace *infini* pour la réflexion et pour l'action.

Et c'est par cette idée d'infinité — de tâche irréductible à la conquête d'un ultime instant — que l'univers laïque tente de se réapproprier la question du sens du sens. Dans tous les domaines où l'héritage des Lumières s'est montré décisif, la notion d'infinité s'est imposée : qu'il s'agisse de la science, de l'éducation, de la culture, ou même de l'éthique, l'idée théologique d'un objectif dernier a perdu ses droits. Nous savons que nous avons affaire à des processus sans fin, que le *progrès* — tourné en dérision par les écologistes radicaux — ne saurait consister dans le fait d'accéder à une étape finale, au-delà de laquelle toute question disparaîtrait. *Et c'est dans l'idée même de cette infinité que l'être humain, désormais défini par sa perfectibilité, réaménage la question du sens.* Pourquoi la politique échapperait-elle à la logique de la sécularisation qui a gagné toutes les autres sphères de la culture ?

Faut-il regretter le temps des prophètes, l'époque où l'usage de l'intelligence se limitait parfois au choix d'un « camp » ? Les clivages les plus simplistes — pour ou contre la révolution, le capitalisme, l'aliénation, la « violence symbolique », l'autogestion, etc., suffisaient à départager le bien du mal sans qu'il fût besoin pour quiconque de les approfondir. On discutait de la démocratisation de l'enseignement, des nationalisations, de la croissance zéro ou du rôle respectif de l'URSS et des USA dans l'ignorance complète des données les plus élémentaires. La lutte des idées n'étant que la poursuite de celle des classes par d'autres moyens, tout n'était que prétexte à l'expression des choix éthiques de la raison stratégique. Sinistre époque, en vérité, où la ligne de démarcation entre les intellectuels, véritables idéologues professionnels, et les experts rivés à leurs carrières administratives, permettait à chacun d'occulter les questions décisives.

La fin de ces querelles politico-théologiques marquerait, dit-on, l'avènement d'une ère gestionnaire, où la politique se réduirait à une technique parmi d'autres. Le pire n'est pas toujours certain. Car l'idéal de la critique interne esquisse, dans son ordre, un « grand dessein », non un succédané de ceux d'antan, mais peut-être le premier qui convienne à des adultes. Si l'on veut revaloriser la politique comme sphère autonome de décision collective, faire contrepoint au repli vers l'éthique et la culture de soi auquel on assiste aujourd'hui de toute part, il faut reformuler les principes du réformisme démocratique en le situant dans l'optique de cette disparition du théologico-politique. Ce qui supposera sans nul doute une redéfinition du rôle des politiques et des intellectuels : loin d'avoir à fournir à nouveau de « grands desseins messianiques », il leur faudra contribuer à organiser, éclairer et trancher les grands débats dont l'absence devient insupportable à des citoyens quittant l'âge de la minorité. C'est dans cette direction qu'il faut innover[6].

Des devoirs envers la nature

Les deux difficultés majeures que rencontre l'écologie profonde dans son projet d'instituer la nature en sujet de droit, capable de jouer le rôle d'un partenaire dans un « contrat naturel », peuvent être

---

6. Sur la naissance d'institutions ayant vocation à organiser le débat démocratique, voir le numéro consacré par la revue *Pouvoir* à la bioéthique en automne 1990.

encore résumées de la façon suivante : la première, celle qui choque par son évidence, est que la nature n'est pas un *agent*, un être susceptible d'agir avec la *réciprocité* qu'on attend d'un *alter ego* juridique. C'est toujours *pour les hommes qu'il y a du droit*, pour eux que l'arbre ou la baleine peuvent devenir les *objets* d'une forme de respect liée à des législations — non l'inverse. Moins évidente est la seconde difficulté : en admettant qu'il soit possible de parler par métaphore de « la nature » comme d'une « partie contractante », encore faudrait-il préciser ce qui, *en elle*, est censé posséder une valeur intrinsèque. Les fondamentalistes répondent le plus souvent qu'il s'agit de la « biosphère » *dans son ensemble, parce qu'elle donne la vie* à tous les êtres qui sont en elles ou, à tout le moins, leur permet de se maintenir dans l'existence. Mais la biosphère donne vie tout autant au virus du sida qu'au bébé phoque, à la peste et au choléra comme à la forêt et au ruisseau. Dira-t-on sérieusement que le HIV est sujet de droit, au même titre que l'homme ?

L'objection ne vise pas à légitimer *a contrario* l'anthropocentrisme cartésien, seulement à faire ressortir la difficulté qu'il y a à parler du monde objectif en termes de droits subjectifs : comment dépasser l'antinomie du cartésianisme (qui tend à dénier toute valeur intrinsèque aux êtres de nature) et de l'écologie profonde (qui tient la biosphère pour le seul authentique sujet de droit) ? Nul doute que cette question, sous une forme ou sous une autre, occupera le centre des débats écologiques dans les années à venir. Elle sera au cœur des préoccupations philosophiques touchant le nouveau statut des rapports de l'homme à la nature, mais aussi des projets législatifs qui ne manqueront pas de voir le jour dans les pays industrialisés. Sans prétendre la résoudre, il est d'ores et déjà possible d'indiquer une voie pour la réflexion, analogue à celle évoquée à propos du droit de l'animal.

Si l'animal n'était qu'une machine, comme le pensent les cartésiens, la question de ses droits ne se serait *jamais* posée. Ce qui peut éveiller *à son propos* le sentiment d'une *obligation*, au-delà même de la compassion et de la pitié qui relèvent de la simple *sympathie*, c'est le caractère non *mécanique* du vivant qu'il incarne. Non qu'il s'agisse de disqualifier totalement l'approche *sentimentale* de la question des droits, mais plutôt d'en rechercher, au-delà de la simple description phénoménologique, les éventuels principes de légitimité. Car la sympathie n'est qu'un *fait* qui se heurte à d'autres faits et, comme tel, ne justifie rien : il y a ceux qui aiment la corrida *de facto*, ceux qui la réprouvent *de facto* et si l'on veut trancher *de jure*, il faut s'élever au-dessus de la seule sphère de la factualité pour rechercher des *arguments*. L'un d'entre eux, que j'ai évoqué tout à la fois contre les cartésiens et les utilitaristes pour justifier l'idée d'un certain respect de l'animal, est qu'il nous apparaît relever d'un ordre du réel qui n'est ni celui de la pierre, ni celui des plantes, bien qu'il n'appartienne pas non plus à l'humanité proprement dite. Quoique mû par le code de l'instinct, et non par liberté, il est, *dans la nature*, le seul être qui semble capable d'agir d'après la représentation de fins, donc de façon consciente et intentionnelle.

Et c'est à ce titre qu'il s'éloigne du règne du mécanisme pour se rapprocher, par analogie, de celui de la liberté. Il n'est pas un simple automate et sa souffrance, à laquelle nous pouvons et même devons ne pas rester indifférents, en est l'un des signes visibles — parmi d'autres qu'on pourrait évoquer, tels que le dévouement, l'affection ou l'intelligence dont il peut parfois témoigner. Bref, tout se passe *comme si* la nature, dans l'animal, tendait en certaines circonstances à se faire humaine, *comme si elle s'accordait d'elle-même avec des idées auxquelles nous attachons un prix lorsqu'elles se manifestent dans l'humanité.*

Le sens de ce « comme si » doit être précisé : il est l'indice que le jugement de valeur porté à propos de l'animal et de ses droits éventuels n'est ni tout à fait « naturaliste » (comme dans l'écologie profonde) ni entièrement « anthropocentriste » (comme dans le cartésianisme et, à certains égards encore, le kantisme). Car c'est bien *la nature elle-même* qui fait signe vers des idées qui nous sont chères, et non pas nous qui les projetons en elle : à l'encontre de ce que pensent les cartésiens, il semble raisonnable d'admettre que les cris des animaux qui souffrent n'ont pas la même signification que les sons égrenés par le timbre de l'horloge, que la fidélité du chien n'est pas celle de la montre. De là le sentiment que la nature possède bien cette fameuse *valeur intrinsèque* sur laquelle s'appuient les *deep ecologists* pour légitimer leur antihumanisme. Mais d'un autre côté, et c'est là ce qu'ils manquent, ce sont *les idées évoquées* par la nature qui lui donnent tout son prix. Sans elles, nous n'accorderions pas la moindre valeur au monde objectif. Bien plus : c'est parce que la nature, souvent, va à l'encontre de telles idées, parce qu'elle est aussi génératrice de violence et de mort, que nous lui ôtons aussitôt la valeur que nous lui attribuions l'instant d'avant, lorsqu'elle nous semblait belle, harmonieuse, ou même, dans l'animal, intelligente et affectueuse.

Par où l'on voit comment la question du « droit des arbres » devrait être reposée à l'écart de l'anthropocentrisme cartésien (puisque c'est bien *la nature* qui évoque des idées que nous aimons) et du fondamentalisme (il reste que ce sont *les idées,* et non les objets en tant que tels qui sont au principe des jugements de valeurs *que seuls les hommes sont capables de formuler :* les fins *éthiques, politiques ou juridiques* ne sont jamais « domiciliées dans la nature », qui ne connaît que des finalités extra-morales). Il faut ainsi faire justice au sentiment que la nature n'est pas de nulle valeur, que nous avons des devoirs envers elle qui n'est pas, pourtant, sujet de droit. C'est aussi dans cette voie qu'on pourrait tenter de définir *ce qui dans la nature elle-même* doit être respecté et ce qui, en revanche, doit être combattu au nom d'un interventionnisme bien compris. Faute d'une telle distinction, l'idée de devoirs envers « LA » nature perdrait son sens, tant il est évident que tout, en elle, ne mérite pas également d'être protégé.

Hors la liberté, dont nous percevons la trace dans la souffrance du vivant en tant qu'elle témoigne de son caractère non mécanique, il est deux idées que nous valorisons et qui, par là même, valorisent aussi la nature lorsque d'aventure elle vient à les « présenter »[7], ou à les « illustrer » : celles de beauté et de finalité. Il n'est certes pas interdit de préférer, avec Hegel ou les classiques français, les beautés artistiques et spirituelles à celles de la nature. L'attrait romantique pour la virginité sauvage n'en demeure pas moins un fait si général qu'il doit bien posséder ses raisons. On sait que Leibniz, qui fut un grand savant et un homme d'esprit, se plaisait à rendre la liberté au scarabée qu'il venait d'examiner sous son microscope. Les dessins géométriques d'une pureté sans pareille, la richesse infinie et l'harmonie des couleurs qui ornent ses ailes lui semblaient comme le signe d'une faveur, comme le don généreux d'un univers matériel qui se serait fait, pour l'occasion, artiste et mathématicien. Car la nature est belle quand elle imite l'art. Nul anthropomorphisme dans ce jugement : seulement la *constatation* du mystère de la beauté naturelle, cet étrange phénomène par lequel le monde, pourtant objectif et étranger à nous, en vient à se faire en quelque façon plus humain qu'on ne l'espérait. Harmonie de la nature : moment où le chaos devient ordre *sans que l'homme intervienne pour l'imposer.*

C'est un sentiment analogue, je crois, qui préside à l'observation des finalités naturelles. Les écosystèmes sont mieux agencés *par eux-mêmes* que la plupart des constructions humaines. De sorte que nos interventions s'avèrent le plus souvent si fâcheuses qu'elles requièrent, comme dans l'ordre de

---

7. Selon une structure qui est celle de ce que la philosophie désigne comme un « jugement réfléchissant ».

l'économie, la plus grande prudence. Même lorsqu'il croit bien faire, l'homme ne cesse d'engendrer des « conséquences inattendues », des « effets pervers ». On « détruit » en France les renards parce qu'ils ont la rage. Mais les populations de rongeurs, dont ils sont les principaux prédateurs, se multiplient au point qu'il faudra intervenir à nouveau pour rétablir un équilibre, sans certitude de ne pas engendrer encore d'autres perturbations. De tels exemples sont légion. Ils ne peuvent certes pas être mobilisés pour interdire toute action sur le monde. Mais ils doivent au moins nous rappeler à la *phronesis*, à cette fameuse prudence des Anciens qui fait tant défaut à nos modernes politiques. Surtout, ils indiquent ce qui, au sein de la nature, doit être respecté : dans la finalité dont elle témoigne, elle se montre souvent supérieure à nous *par son intelligence.* Pas d'anthropomorphisme, là non plus, même si la formule est volontairement provocatrice. Mais, tout au contraire, le souci de reconnaître et, si possible, de préserver ce qui *paraît* déjà humain en elle et rejoint ainsi les idées qui nous sont les plus chères : liberté, beauté, finalité.

C'est dans cette perspective qu'il faut, à l'écart du cartésianisme, de l'utilitarisme comme de l'écologie fondamentale, élaborer une théorie des devoirs envers la nature. Non bien sûr, au sens où elle serait le sujet et le partenaire d'un contrat naturel — ce qui n'a guère de sens — mais parce que l'*équivocité* de certains êtres ne saurait laisser indifférents ceux qui tiennent aux idées qu'ils nous font le bonheur d'incarner. Equivocité est bien le terme qui convient : êtres *mixtes, synthèses de matière brute et d'idées cultivées*, ils participent autant de la naturalité que de l'humanité. Il faudrait ainsi faire une phénoménologie des signes de l'humain *dans* la nature pour accéder à la conscience claire de ce qui, en elle, peut et doit être valorisé. Et c'est en imposant sur une telle base des limites à l'interventionnisme de la technoscience que l'écologie démocratique relèvera le défi que lui lance, dans l'ordre politique comme dans la sphère métaphysique, sa concurrente intégriste.

La sensibilité écologique et les passions démocratiques

Un tel programme philosophique est loin d'être déconnecté de ce qu'on nomme parfois la « sensibilité écologique ». Car la *deep ecology*, malgré ses effets séducteurs, malgré l'attrait médiatique exercé par des organisations radicales telles que *Greenpeace*, n'en est pas moins marginale par rapport à l'engouement dont bénéficie aujourd'hui, dans tous les pays industrialisés, le souci de l'environnement. Pour l'essentiel, l'amour de la nature me semble être composé de *passions démocratiques, partagées par l'immense majorité des individus qui souhaitent éviter une dégradation de leur qualité de vie* ; mais ces passions se trouvent sans cesse *récupérées* par les deux versants extrémistes, néo-conservateur ou néo-progressiste, de l'écologie profonde. C'est là une des fonctions des partis Verts, dans leur combat contre le réformisme. On aurait donc tort de dénoncer

263

l'écologie *en général* comme « pétainiste » ou « gauchiste » : ce serait passer à côté du phénomène majeur, manquer le sens de la lame de fond qui s'empare aujourd'hui des sociétés démocratiques, et qui n'est pas nécessairement liée à la renaissance des nostalgies romantiques ou des messianismes utopiques.

Il est du reste assez aisé de repérer les thèmes qui vont dans le sens d'une telle interprétation et témoignent de la présence des passions démocratiques dans l'éthique de l'environnement. Pour les comprendre correctement, il faut se souvenir que l'écologie se structure en mouvement politique vers la fin des années 60, en parallèle avec l'apparition des révoltes étudiantes qui vont culminer en mai 68. Or la *Stimmung*, l'atmosphère intellectuelle et morale de cette période, est au plus haut point marquée par l'émergence d'une « éthique de l'authenticité ».

Il s'agit, d'un côté, de rejeter les valeurs *aristocratiques*, de combattre les hiérarchies au nom de l'idée, très *égalitaire* et, en ce sens, démocratique, que *toutes les pratiques se valent*, que chacun possède le droit à vivre sa différence, à être soi-même. C'est dans cette optique, par exemple, que les mouvements de « libération sexuelle » refuseront les discriminations traditionnelles entre « normalité » et « perversion », tenteront de déculpabiliser l'homosexualité et, plus généralement, tous les comportements autrefois condamnés au nom d'un idéal normatif *hiérarchisant* les formes de vie.

D'un autre côté, l'éthique de l'authenticité s'attache à disqualifier les morales du *devoir* et du *mérite :* s'il est désormais « interdit d'interdire », c'est que les normes transcendantes, l'« idéal ascétique » que Nietzsche dénonçait dans le christianisme comme dans le rigorisme protestant, n'a plus cours. S'il reste encore un devoir à accomplir, c'est celui qui nous invite à « être soi-même » ; s'il subsiste une norme, c'est celle selon laquelle *chacun doit devenir pour lui-même sa propre norme.* Jadis, l'éthique consistait à *s'efforcer* d'atteindre, le plus souvent contre ses penchants égoïstes, la réalisation de *standards* extérieurs à nous. Elle supposait l'effort de la volonté tendue par des *impératifs* s'exprimant dans la forme d'un « tu dois ! » Elle vise maintenant l'accomplissement de soi dans l'idée que la loi, loin de s'imposer à nous de l'extérieur, est immanente à chaque individu particulier.

C'est cet individualisme démocratique et authenticitaire que l'on retrouve dans la volonté de préserver l'environnement. Car c'est sur ce fond idéologique que se développe le « souci de soi », la volonté d'être « bien dans sa peau et bien dans sa tête ». N'en déplaise aux anciens combattants, Mai 68 est un mouvement plus « diététique » que révolutionnaire · ce qu'il en reste aujourd'hui, c'est davantage l'idéologie du « be yourself », le désir de *soigner et d'épanouir* son corps et son esprit, que les principes rigides et mortifères du maoïsme ou du trotskisme.

C'est ainsi tout le trajet d'une certaine gauche libertaire et démocratique qui s'exprime dans cette nouvelle éthique de l'authenticité et vient soutenir le souci de l'environnement. L'écologiste réformiste, celui qui rompt avec le radicalisme des partis Verts[8], passe volontiers d'une revendication *auto-gestionnaire* pure et dure, dont l'inanité est enfin avérée, au souci plus concret d'obtenir davantage d'autonomie des décisions *locales*. Il demande par exemple l'extension du référendum d'initiative populaire. Jadis révolutionnaire, jouant volontiers « la société contre l'Etat », il a mis beaucoup d'eau dans son vin : comme le reste de la gauche, il est devenu pragmatique et réaliste surtout si, comme Brice Lalonde[9], il a accepté de participer à l'exercice du pouvoir, avec ses inévitables contraintes. Du côté des militants, la douceur des passions démocratiques manifeste aussi son influence : l'engagement se fait à la carte, dans des manifestations qui, sauf exception, se veulent non violentes et n'utilisent plus d'autres armes que celles de l'humour et de la dérision. Il s'agit certes, comme avant, de « vivre autrement », de « changer la vie », mais l'expression ne renvoie plus à la révolution, ne fait plus signe vers un quelconque « ailleurs » : elle signifie plutôt « vivre à la carte », « se donner à soi-même ses choix[10] », ou,

8. Sur cette opposition, dans le cadre français, il faut lire l'ouvrage de Dominique Simonnet, *L'écologisme*, Paris, PUF, 1992 (pour la 3ᵉ édition).

9. Qui, il faut le préciser, ne fut jamais vraiment lui-même un « soixante-huitard ».

10. C'est ce qu'a fort bien montré Antoine Maurice dans son livre, *Le surfeur et le militant*, éditions Autrement, 1987, consacré à l'évolution des sensibilités contemporaines face à l'écologie et au sport.

comme le dit une formule qui traduit bien l'éthique de l'authenticité, « vivre sa vie ». Réconciliée avec l'Etat, qui lui donne des ministres, avec la démocratie, qui offre la possibilité de changements sans violence, l'écologie s'intègre enfin au marché, qui s'adapte tout naturellement aux nouvelles exigences des consommateurs. La forêt est-elle menacée par les gaz d'échappement des voitures ? Qu'à cela ne tienne, on construira des pots catalytiques, plus chers, mais moins polluants. Cette docilité des constructeurs allemands est devenue un modèle : l'industrie propre se développe à pas de géant, créant une concurrence entre les entreprises pour l'obtention de labels « verts ». Suprême récupération ? Peut-être, mais pourquoi s'en offusquer si elle permet tout à la fois de faire progresser les exigences d'une éthique de l'environnement et de les insérer dans un cadre démocratique ?

On demande souvent si l'écologie est une force politique à part entière, s'il est légitime qu'elle se constitue en Parti ayant, le cas échéant, vocation à exercer le pouvoir dans tous les secteurs traditionnels de l'activité gouvernementale. C'est là ce que souhaitent les Verts. Je crois qu'ils ont tort. Sur le plan intellectuel, philosophique même, seule la *deep ecology* peut prétendre à une vision politique globale — mais il lui faut pour cela revêtir les oripeaux du romantisme néo-conservateur ou néo-gauchiste. Si l'écologie veut échapper à ces archaïsmes dérisoires et dangereux, si elle accepte de se dire réformiste, elle devra reconnaître qu'elle est un groupe de pression exprimant une sensibilité qui, pour être partagée par l'immense majorité, n'a pas à elle seule vocation au pouvoir. Politique, l'écologie ne sera pas démocratique ; démocratique, il lui faudra renoncer aux mirages de la grande politique.

ÉPILOGUE

NATIONALISME ET COSMOPOLITISME :
LES TROIS CULTURES

Nombreux sont ceux qui cherchent aujourd'hui une définition culturelle de l'Europe. Qu'y a-t-il de commun entre les vieilles nations qui la composent, au-delà des clivages culturels inhérents aux identités nationales particulières ? Comment aborder ensemble, par-delà nos différences, les questions qui, à l'instar des problèmes d'environnement, offrent d'évidence une dimension transnationale ? Et dans les débats qui opposent les partisans de la tradition à ceux de la modernité, les nationalistes aux cosmopolites, on distingue volontiers deux idées de nation : d'un côté une conception ethnique et de l'autre, une vision volontariste [1]. La première, héritée du romantisme allemand, définirait la citoyenneté en termes d'appartenance à une race, une langue, une culture, bref, à tout ce qui ne se *choisit pas*. La seconde, qui remonte à la Révolution française, désignerait au contraire le regroupement volontaire des individus autour de principes universels tels que ceux de la grande Déclaration. Voilà qui expliquerait que l'on

---

1. Cette distinction apparaît au centre des travaux de Louis Dumont sur la naissance de l'individualisme moderne.

puisse rencontrer aujourd'hui un nationalisme de droite, et un de gauche.

Le problème, bien sûr, c'est que cette élégante imagerie est un peu trop belle pour être honnête. Flatteuse pour nous, elle occulte allégrement tout ce que la pensée allemande a pu apporter à l'idéal démocratique, tout ce en quoi la France a pu contribuer à l'élaboration de doctrines fascistes, pour ne rien dire du paternalisme colonial. Surtout, elle passe à côté du paradoxe qui fait toute la difficulté du concept de nation : car les deux moments, la référence à des principes abstraits d'un côté et l'identité communautaire de l'autre, sont à l'évidence présents même dans la conception républicaine. Tel est en effet le trait caractéristique le plus remarquable de l'idée moderne de nation : elle désigne tout à la fois une identité culturelle particulière et une prétention à l'universalité. Il n'est que de lire les textes consacrés à ce sujet par nos plus illustres révolutionnaires : ils sont indissolublement français (particuliers) et cosmopolites (universels), adossés à une tradition et en rupture avec elle. Pourquoi ? Pour aller à l'essentiel, quitte à sauter les articulations : parce que l'idée démocratique, qui fait alors son apparition, repose sur une exigence fondamentale, celle que des individus particuliers, culturellement déterminés dans leur sphère privée (la « société civile »), se reconnaissent en commun dans des principes exprimés à un niveau public (par « l'Etat » représentatif). Rien ne nous oblige, donc, à choisir entre le nationalisme romantique et le cosmopolitisme désincarné. C'est dans d'autres horizons intellectuels que l'idée de nation peut et doit aujourd'hui retrouver un sens.

270

Car il faut bien comprendre la crainte légitime que pourrait susciter la construction européenne si elle devait se traduire par l'abandon des formes classiques de la politique. On connaît la thèse, défendue notamment par les maires de certaines grandes métropoles régionales : dans l'avenir, les questions décisives se traiteront soit au niveau international, soit au niveau local. Une telle vision bipolaire de la politique se paierait d'un formidable déficit démocratique dont il n'est pas difficile de prévoir qu'il bénéficierait aux démagogues.

Certes, il est des questions, même en dehors du champ de l'économie, qui n'ont plus beaucoup de sens au niveau national. C'est le cas de l'écologie, mais aussi de la bioéthique, pour ne rien dire de la défense militaire : le nuage de Tchernobyl ignore les frontières et l'on voit mal quel sens aurait chez nous l'interdiction du commerce des organes s'il était licite à Luxembourg ou à Francfort. Cela signifie-t-il que la politique nationale puisse sans dommage être vidée de tout contenu et que la forme de l'Etat-Nation soit désuète comme le pensent certains écologistes, mais aussi les ultra-libéraux ? Le croire serait prendre le risque de voir le terrain délaissé par les démocrates aussitôt récupéré, puis exploité sans concurrence par l'extrême droite. Il faut donc, non pas renoncer au national au profit d'une bipolarité du local et de l'international, mais articuler les trois niveaux. Ce qui suppose une réflexion approfondie sur le rôle des institutions européennes et la façon dont elles pourraient prendre en compte de façon plus concrète et plus visible pour les citoyens les exigences légitimes des politiques nationales.

Derrière ce débat, dont chacun devrait pouvoir juger par soi-même, une authentique question philosophique a resurgi : celle du statut de la culture dans une société d'où les traditions religieuses et, avec elles, la transcendance du sacré se sont pour ainsi dire évanouies. Mais pour prendre enfin la mesure de la question, il faudrait sortir des oppositions binaires dans lesquelles ont veut trop souvent nous enfermer : haute culture littéraire contre sous-culture technique, tradition contre modernité, obscurantisme romantique contre universalisme des Lumières, etc. Pour beaucoup d'entre nous, en effet, le drame de la culture contemporaine se joue dans ces alternatives impossibles.

D'abord, ce ne sont pas deux, mais trois conceptions *philosophiques* de la culture qui ne cessent de s'affronter, chacune prétendant supplanter les deux autres dans une lutte à mort. On peut, avec les *utilitaristes,* considérer les œuvres comme des « produits », comme des « marchandises » qui accomplissent leur destination lorsque, consommées par un public, elles lui procurent satisfaction. C'est cette vision consumériste que les intellectuels critiques dénoncent, en partie à juste titre, comme le signe d'une « américanisation du monde ». On peut ensuite, avec les *romantiques,* voir dans l'œuvre réussie l'expression du génie propre à chaque peuple. Chaque nation possède son « esprit », sa « vie », et la langue, les institutions juridiques et politiques, mais aussi la culture en général en sont la manifestation d'autant plus parfaite qu'elles ne remettent pas en question ce dont elles ne sont que le visage immanent. On peut enfin, à l'opposé du romantisme, assigner à l'œuvre la tâche héroïque de subvertir les formes esthétiques du passé, de s'arracher, ainsi que le voulaient les révolutionnaires français, à ces codes déterminants que constituent les traditions nationales. *Consommation, enracinement, arrachement :* voilà les trois maîtres mots, les trois bannières sous lesquelles s'affrontent, aujourd'hui encore, les nouveaux croisés d'après la religion. Trois perversions possibles, aussi : la *démagogie* du « tout culturel », qui menace toujours l'utilitarisme, puisque le seul critère devient le succès, l'effet produit sur le public, à l'exclusion de toute autre unité de valeur. La chute dans le *nationalisme et le folklore*, qui guettent un romantisme étroit. Il oscille alors entre l'arrogance fascisante et la fausse humilité de l'artisanat local. Quant à l'idéologie de l'innovation, elle possède elle aussi ses revers : dans l'*avant-gardisme*, qui a tant caricaturé le geste de la liberté en l'abaissant au rang d'une abstraction nue. Le contenu de l'art s'est alors réduit à n'être que la mise en scène des symboles de la rupture et de la subversion pour la subversion.

Les grands débats sur la culture auxquels on assiste depuis la mort des avant-gardes, au milieu des années 70, naissent souvent de ce que ces trois visions de la vie de l'esprit semblent inconciliables : l'avant-gardisme, qui a dominé la « haute-culture » de ce siècle, s'oppose de façon tout aussi résolue à l'amour romantique de la tradition qu'au règne cynique du marché. Quant au romantisme, sa haine du déracinement inhérent à la culture moderne n'a d'égale que celle de la ploutocratie insolemment affichée par le monde libéral. Sans se soucier d'un conflit qui oppose à leurs yeux l'élitisme à la désuétude, les tenants de l'industrie culturelle poursuivent tranquillement la production de variétés et de divertissements mercantiles. Il faudrait donc choisir son camp, et de bons intellectuels nous somment avec la vigueur du désespoir de départager enfin le bon grain et l'ivraie. Les uns nous invitent à opter en faveur de l'innovation, pour le soutien fervent à la « culture difficile », mais « courageuse » ; les autres nous recommandent les valeurs sûres du patrimoine et des auteurs classiques.

Entre les trois moments de la culture, l'arrachement, l'enracinement et la consommation, faut-il vraiment choisir ? Je ne le crois pas. Car la plus simple description phénoménologique des œuvres que nous disons « grandes » indique d'évidence que ce sont celles qui articulent ces trois instances : s'émancipant d'un contexte qu'elles conservent jusque dans l'innovation, elles concilient de façon chaque fois originale cet arrachement et cet enracinement que l'avant-gardisme et le romantisme isolent et thématisent de façon unilatérale. C'est dans cette articulation et par elle seule qu'elles rencontrent, pour notre plus grand bonheur, la passion d'un spectateur — ce plaisir esthétique sans lequel la culture même la plus élevée ne vaudrait pas une heure de peine. À cette affirmation, je ne vois pas de contre-exemple. Elle vaut pour la musique comme pour la peinture, pour la grande mosquée de Kairouan comme pour Notre-Dame de Paris. L'une comme l'autre appartient à un contexte historique et géographique particulier, l'une comme l'autre le transcende pour atteindre un public qui dépasse de

274

très loin celui des fidèles auxquels le monument semblait initialement destiné. Et c'est dans cet élargissement des horizons, impossible hors de l'articulation des aspects qu'on voudrait séparer pour des raisons idéologiques, que réside la véritable grandeur. Le cosmopolitisme ne s'oppose plus ici au nationalisme — même s'il faut affirmer la préséance du moment de l'arrachement aux codes hérités sur celui de la tradition : sans lui, il n'y aurait pas de *création*, pas d'innovation, et c'est la trace du proprement humain qui s'évanouirait. C'est là, me semble-t-il, que réside le véritable danger auquel nous exposerait une victoire de l'écologisme radical dans l'opinion publique : considérant la culture, à la façon de la sociobiologie, comme un simple prolongement de la nature, c'est le monde de l'esprit tout entier qu'il mettrait en péril. Entre la barbarie et l'humanisme, c'est à l'écologie démocratique qu'il appartient maintenant de trancher.

TABLE

Achever d'imprimer en août 1992
sur presse CAMERON
dans les ateliers de la S.E.P.C.
à Saint-Amand-Montrond (Cher)
pour le compte des éditions Grasset
61, rue des Saints-Pères, 75006 Paris

N° d'Édition : 8909. N° d'Impression : 1950-1347.
Dépôt légal : septembre 1992.

Imprimé en France

ISBN 2-246-46811-6